Utta Seidenspinner

Wohnwahnsinn
Warum Mieten immer teurer
und Eigentum unbezahlbar wird

Utta Seidenspinner

WOHN
WAHN
SINN

Warum Mieten immer teurer und Eigentum unbezahlbar wird

BERLIN VERLAG

Mehr über unsere Autoren und Bücher:
www.berlinverlag.de

ISBN 978-3-8270-1381-1
2. Auflage 2018
© Berlin Verlag in der Piper Verlag GmbH, München 2018
Satz: Kösel Media GmbH, Krugzell
Gesetzt aus der Bembo
Druck und Bindung: CPI books GmbH, Leck
Printed in Germany

INHALT

Für meinen Vater

Ja, das möchste:
Eine Villa im Grünen mit großer Terrasse,
vorn die Ostsee, hinten die Friedrichstraße;
mit schöner Aussicht, ländlich-mondän,
vom Badezimmer ist die Zugspitze zu sehn –
aber abends zum Kino hast dus nicht weit.
Das Ganze schlicht, voller Bescheidenheit (…).

aus: Das Ideal *von Kurt Tucholsky*

# Ein Home zum Preis von einem Castle – was ist hier eigentlich los?

Schon immer lebe ich in der teuersten Stadt Deutschlands. Als Teenager, als Studentin und als berufstätige Mutter, mit Geld und ohne Geld. Die Frage »Wie komme ich an eine Wohnung?« ist quasi Teil meiner DNA, von frühester Jugend an.

Der erste Umzug gestaltete sich noch einfach. Meine Eltern hatten einen sogenannten Anbau an ihrem bescheidenen Häuschen im Münchner Norden, eine winzige Einliegerwohnung ohne Küche. Das war natürlich egal, denn ein gebrauchter Herd im Flur reichte auch, Hauptsache, weg aus der elterlichen Umarmung. Mit 15 Jahren war es das absolute Paradies, auch wenn die Außenmauern schimmelten und der Fußboden nicht isoliert war.

Im Studium ereilte mich dann die Münchner Realität mit voller Wucht: Es gibt in dieser Stadt keine bezahlbaren Wohnungen, schon gar nicht für Studenten, die will nämlich niemand haben, auch damals nicht. Jeden Mittwoch-

und Freitagabend standen Menschen wie ich am Marien-
platz im Zentrum und warteten auf die druckfrischen
Immobilienseiten der *Süddeutschen Zeitung,* möglichst zu
zweit. Einer kaufte die Zeitung, der andere besetzte eine
nahe gelegene Telefonzelle, und dann begann der Wettlauf
gegen die Zeit. Nur wer als Erster zu den günstigen, mak-
lerfreien Wohnungen durchdrang, bekam überhaupt eine
Chance; am nächsten Morgen hatten die meisten Vermieter ihr Telefon wegen des Andrangs bereits ausgehängt.

Ich habe es nie geschafft, auf diesem Wege eine Bleibe
zu finden. Stattdessen zog ich nach New York, die Stadt, in
der jeder, aber wirklich jeder, dauernd über Immobilien
spricht. Sei es, weil er keine Wohnung findet, gerade raus-
geworfen wurde, seine Bleibe mit zu vielen Mitbewoh-
nern und Kakerlaken teilen muss oder die Miete horrend
gestiegen ist. Wer auch nur ein bisschen Eigenkapital besitzt, jammert über verpasste Chancen zum günstigen
Einstieg (damals in den Siebzigerjahren! Neunzigerjahren! Nach der Finanzkrise!) oder träumt von sagenhaften
Gewinnen in der Zukunft, und jeder kennt jemanden, der
seinen Einsatz mit einer Eigentumswohnung mindestens
verdreifacht hat. Es ist eine Krankheit, deren Fieber mich
schon sehr bald erfasste. Zum einen, weil ebenso wie in
München für Studenten kaum Wohnraum zu finden war
und ich mich also zwangsläufig mit allen Tricks auf dem
Weg dorthin befassen musste. Zum anderen aber auch,
weil Real Estate in den USA ein normales Konsumgut ist.

Das Kaufen von Immobilien gehört zum guten Ton, es
ist ein Zeichen des Erwachsenwerdens und – ähnlich wie
in Deutschland das Auto – keine einmalige Anschaffung.
Man kauft erst etwas Kleines, tauscht das gegen die erste
Familienwohnung, dann gegen das Haus, das größere

Haus und schließlich vielleicht wieder gegen die Seniorenbleibe. Das Gleiche taten mein Mann und ich. Wir kauften uns eine Wohnung in einem unspektakulären, von Fabrikgebäuden aus Backstein gekennzeichneten Stadtteil von Queens, direkt an einer Bundesstraße, aber mit fabelhaftem Blick auf das Empire State Building. Unsere monatliche Belastung war ab jetzt geringer als die Miete, obwohl wir nur wenig anzahlen konnten. Wir mussten uns nie wieder dem demütigenden Prozess der Mieterauswahl unterziehen, die Nachbarn waren nett, und das Viertel wurde immer beliebter. Als wir nach acht Jahren nach Deutschland umzogen, weil wir ein Kind erwarteten, hatte sich der Wert unserer ersten Immobilie verdoppelt.

Zurück in München begann die Suche nach einem ähnlichen Objekt, nach etwas, dessen Preis in einem vernünftigen Verhältnis zur Rendite stand, alias Mieten minus Finanzierungskosten. Aber egal, wie ich rechnete, in München schien es immer günstiger zu mieten und dann nie wieder auszuziehen. Unser Geld war auf dem Sparkonto offenbar besser angelegt, denn eine Eigentumswohnung in der Größenordnung, die uns vorschwebte, konnten wir uns nicht leisten. Trotzdem gab ich die Suche nie wirklich auf.

Seit 2003 beobachte ich den Markt nun mit Argusaugen. Ich gehe regelmäßig auf Wohnungsbesichtigungen zum Kauf, begleite Freunde und Bekannte auf Wohnungsbesichtigungen zur Miete, lese jede Statistik zu dem Thema und wälze Immobilienseiten. Zu meinem Erstaunen steigen die Preise unaufhörlich, obwohl die Menschen, die das alles bezahlen müssen, nicht so viel mehr verdienen als früher, was jeder Logik widerspricht. Und fast, ja fast schon fühlt sich München an wie New York, denn mittlerweile redet auch hier jeder und immer über Mieten und Wohnungsnot und überhaupt den ganzen »Wahnsinn mit den Immobilien«. Wer kann das denn bitte schön bezahlen? Was ist da los?

Mein Eigeninteresse verwandelte sich in eine generelle Obsession, als ich aus anderen Städten ähnliche Geschichten hörte. Warum entstanden plötzlich überall Luxusbauten? Wohnte man überhaupt noch irgendwo günstig? Gab es weniger Wohnungen oder mehr Menschen als früher? Ich wollte den Markt verstehen, den Zusammenhang zwischen Kaufpreisen und Mieten erkunden, die Auswirkung von Zinsen vorhersehen, wissen, wer eigentlich warum kauft und dann was damit macht. Egal, wohin mich meine Arbeit als Journalistin verschlägt, sehe ich mir seither die Schaukästen der Maklerbüros an und verwickle jeden in ein Gespräch über seine Wohnung – sei es auf dem platten Land in Niedersachsen, in traurigen Fußgängerzonen im Ruhrpott, herausgeputzten Nordseebädern, verwaisten Geisterorten in Sachsen-Anhalt, bayerischen Luftkurorten oder glitzernden Großstädten. Und fast überall, so scheint es, steigen die Preise, ob zum Kauf oder zur Miete.

Laut aktuellem Frühjahrsgutachten der Immobilienwirtschaft zogen die Wohnungsmieten in den vergangenen acht Jahren bundesweit um 26 Prozent an. Die Kaufpreise in manchen Ballungsräumen und sogenannten Schwarmstädten, die überproportional hohen Zulauf haben, haben sich innerhalb weniger Jahre verdoppelt. Eigentlich lautet aber eine eiserne Regel: Immobilienmärkte sind lokale Märkte, daher auch die Binse »Lage, Lage, Lage«. Eine Immobilie ist nur so viel wert, wie die Menschen vor Ort bereit sind, für sie zu bezahlen, sei es zur Miete oder zum Kauf. Wie viel das ist, hängt logischerweise von der örtlichen Kaufkraft ab. Wer viel verdient, kann viel Miete bezahlen, teuer essen gehen und von früh bis spät shoppen – und umgekehrt eben nicht. Entsprechend gestalten sich die Preise von Gewerbeimmobilien und Wohnungen. Eigentlich. Doch dieser Zusammenhang gilt in Deutschland nicht mehr.

In der Zeit von 2012 bis 2017 stieg der durchschnittliche Bruttomonatsverdienst um 11 Prozent. Die Preise für Neubau-Eigentumswohnungen in großen Städten zogen im gleichen Zeitraum um 49 Prozent an, heute liegen sie in München bei 7500 Euro pro Quadratmeter (+ 40 Prozent), Stuttgart 6000 Euro (+ 75 Prozent), Frankfurt 5530 Euro (+ 55 Prozent), Berlin 5050 Euro (+ 54 Prozent), Hamburg 4700 Euro (+ 24 Prozent), Köln 4560 Euro (+ 44 Prozent) und Düsseldorf 4830 Euro (+ 50 Prozent).[1]

Die Mieten in den Stadtregionen – und drei Viertel aller Deutschen leben dort – stiegen bis zu 30 Prozent in fünf Jahren. Schon ein Blick auf die eigene Gehaltsabrechnung genügt, um zu wissen: Das stimmt leider nicht mit den Verdienststeigerungen überein. Kaufpreise und Mieten entkoppeln sich also zunehmend von den Einkommen vor Ort.

Obwohl die Deutschen in Umfragen immer wieder den Wunsch nach einer Immobilie an oberste Stelle setzen, leben nur 45 Prozent in den eigenen vier Wänden, europaweit sind es 70 Prozent – was dazu führt, dass Deutsche bei internationalen Vermögensvergleichen regelmäßig weit abgeschlagen hinter den armen Italienern und den noch ärmeren Spaniern liegen. Und unsere Eigentumsquote ist in den vergangenen zehn Jahren sogar gesunken. Normalerweise kaufen Menschen ihre erste

Immobilie, wenn sie im Beruf angekommen sind und vielleicht eine Familie gründen. Doch die Ausbildungszeiten haben sich verlängert, und viele Arbeitsverträge sind befristet. Das ermutigt weder Kreditnehmer noch Kreditgeber zu hohen Immobilienhypotheken. Erbschaften und Schenkungen können das nicht kompensieren, entgegen der allgemeinen Wahrnehmung, es handele sich hier um die Generation Erben. Vor allem in Regionen mit angespanntem Wohnungsmarkt wie Bayern, Baden-Württemberg und Hessen leisten sich immer weniger Menschen ein Eigenheim, in Großstädten schon gar nicht. Dort wird traditionell gemietet, in Berlin zum Beispiel zu 85 Prozent, in Hamburg zu 80 Prozent und in München zu 75 Prozent.

Wenn aber der jüngste Immobilienboom an den Normalverdienern vorbeigeht, wer kauft dann den Markt leer und sorgt für bundesweite Mietsteigerungen weit über der Inflationsrate? Wem gehören eigentlich unsere Wohnungen und Häuser? Wer oder was treibt den Immobilienmarkt?

Der Anfangsverdacht

Das erste Aha-Erlebnis verschaffte mir eine Münchner Maklerin im Jahre 2010. Nachdem ich wieder einmal ausgiebig die – meines Erachtens völlig überzogenen – Preise der Angebote im Fenster eines kleinen Büros der LBS studiert hatte, marschierte ich empört hinein und stellte meine Gretchenfrage: »Was ist hier eigentlich los, drehen die jetzt alle durch?« Die Maklerin stimmte mir unumwunden zu, und bald überboten wir uns mit Anekdoten über ungeheuerliche Wohnungspreise. Und dann sagte sie den bemerkenswerten Satz: »Also, seit diese Steuer-CDs aufgetaucht sind, kommen wir mit den Mehrfamilienhäusern gar nicht mehr nach.«

Damals war es bei den deutschen Finanzämtern gerade in Mode gekommen, illegal beschaffte Datensätze von Schweizer und Liechtensteiner Bankkonten aufzukaufen. Das prominenteste Opfer der ersten gekauften Daten-CD wurde im Februar 2008 der ehemalige Deutsche-Post-Chef Klaus Zumwinkel. Die Steuerfahndung verhaftete ihn am Valentinstag in den frühen Morgenstunden, publikumswirksam vor laufenden Kameras. Zumwinkel hatte, wie offenbar Tausende andere Deutsche auch, seine Millionen in Liechtenstein investiert und die Erträge nicht versteuert. Wie wir inzwischen wissen, lagerten in Europas Steueroasen Milliarden von deutschem Schwarzgeld. Die Schlagzeilen über immer neue CDs taten ihre Wirkung, und der Fiskus konnte sich viele Jahre kaum retten vor Selbstanzeigen. Und die Milliarden?

Milliarden von hinterzogenen Steuern kommen nur zustande, wenn noch viel, viel mehr Milliarden angelegt wurden. Die hatten nach der Enttarnung keinen Grund mehr, sich auf schwer zugänglichen und unter Generalverdacht stehenden Auslandskonten zu verstecken.

Und damit kommen wir zurück in das kleine LBS-Büro in München, in dem ich mich mit der Maklerin über die astronomisch gestiegenen Immobilienpreise wunderte. »Das sind Leute, die früher gar nicht im Markt waren«, erzählte sie erstaunt. »Privatpersonen, die von Immobilien keine Ahnung haben und sich für die Rendite kaum interessieren. Die kaufen blind und in bar ganze Mehrfamilienhäuser und fragen gleich nach dem zweiten.«

Flossen die Milliarden aus den Steueroasen also in Immobilien? Waren es genug Milliarden, um den ganzen Münchner Markt zu bewegen und die unheimliche Preissteigerung zu erklären? Immerhin hat die Stadt über 832 000 Haushalte. Grob überschlagen hätten also schon für fünf Prozent Preisanstieg alle deutschen Steuerhinterzieher gleichzeitig entscheiden müssen: »Ein Wohnhaus in München, das ist es!« Unwahrscheinlich. Aber immerhin die erste mögliche Quelle für das viele lockere Geld.

Während der Arbeit an einer Fernsehdokumentation begegnete mir kurz darauf ein Luxus-Makler. Er hatte sich spezialisiert auf das, was im Mietspiegel als »Beste Lage« gekennzeichnet ist, obwohl es dort eigentlich gar keine Mietwohnungen gibt. Er trug einen Lodenmantel und einen Lodenhut, wir fuhren in seinem BMW durch Bogenhausen und Herzogpark, und er deutete kenntnisreich hier auf die ehemalige Villa von Boris Becker und dort auf den Bunker des verstorbenen Multimilliardärs Friedrich Karl Flick mit 2100 Quadratmetern Wohnfläche, aufgeteilt auf 150 Räume mit bombensicheren Decken (Flick galt als Ziel für Terroristen und Entführer jeder Couleur). »Die Preise werden immer weiter steigen, solche Tendenzen verstärken sich. Je mehr Leute nach München ziehen, umso bessere Jobchancen gibt es und desto mehr Leute ziehen nach München. Die Orte außerhalb verwaisen, die Infrastruktur stirbt, noch mehr Leute ziehen in die Stadt. Ganz einfach.« Deshalb sei München eben eine sichere Bank, schon immer gewesen. Und schön sowieso. »Das wissen auch die Araber und die Russen. Die lieben uns, die Berge, Neuschwanstein und eben bombensicher.«

Gemeinsam besichtigten wir eine seiner Luxus-Immobilien in der Maria-Theresia-Straße, nach seiner Aussage *die* nobelste Straße im noblen Bogenhausen. Der Neubau war fast fertig und erfüllte jedes Klischee: Marmorbäder und Küchen, goldfarbene Wasserhähne, Kristalllüster. »Das ist wurscht, Bäder und Küchen werden von den Käufern sowieso gleich wieder rausgerissen. Die wollen da nur ihr eigenes Zeug.« Wer macht denn so was? »Das haben alles Araber und Russen gekauft.« Aha, war mir noch gar nicht aufgefallen, dass jetzt so viele Araber und Russen hier leben. Aber ich wohne wahrscheinlich im falschen Stadtteil? »Na, das steht eigentlich die meiste Zeit leer, die kommen nur manchmal zum Shopping. Oder sie gehen zum Arzt.«

Noch eine Geldquelle also, ausländische Investoren, Öl-Milliarden und Oligarchen-Milliarden. Trieben sie vielleicht die Preise, oder waren das nur vereinzelte Irrläufer? Würden auch wir bald sogenannte *ghost houses* bekommen, Häuser, die einzig und allein von einer Zeitschaltuhr belebt werden, so wie in London? Jedenfalls hatte ich jetzt zwei Indizien dafür, dass unser Immobilienmarkt vielleicht nicht ganz so lokal ist, wie ich bis dahin glaubte; dass er vielleicht nicht nur von der Kaufkraft der Bewohner abhängt, sondern auch Kräfte von außen wirken, mächtige Kräfte; dass mein Konkurrent nicht nur mein Nachbar ist, sondern jemand in Hongkong; und dass die Mieten vielleicht nicht nur den Erhalt des Hauses finanzieren, sondern ein Portfolio. War es also möglich, dass die Dächer über unseren Köpfen unbemerkt Teil eines globalen Geschacheres geworden waren?

Follow the money

Was wir definitiv wissen, ist, dass Immobilien in den Fokus globaler Investoren geraten sind. Seit die internationalen Notenbanken 2008 die Schleusen öffneten und die Zinsen stetig senkten, sucht billiges Geld nach Renditen – weltweit. Und stieß auf den bis dahin im Abseits schlummernden deutschen Immobilienmarkt. Der bietet vergleichsweise günstige Preise und eine hohe Sicherheit in einem Land, das als Wachstumsmotor Europas gilt. Deutschland ist laut einer Studie des Marktforschungsinstituts GfK nicht nur das angesehenste Land der Welt, sondern seit Neuestem auch noch »Cool Germany«[2]. Zusammen mit den historisch geringen Finanzierungskosten ergibt das eine unwiderstehliche Mischung. Niedrige Zinsen bedeuten billiges Geld, man kann sich also ein Objekt sichern und dann nahezu kostenfrei abwarten, bis es im Preis steigt. Den Anfang machen in so einem Zyklus die Profis, die das Risiko nicht scheuen, gefolgt von immer mehr Investoren, die auf den Zug aufspringen. Deutsche Immobilien sind eine globale Anlageklasse geworden. Diese Anlageklasse liegt irgendwo zwischen Aktien und Anleihen und wird von internationalen Portfolio-Managern auch so behandelt.

Gleichzeitig vernichten die niedrigen Zinsen die Lieblingsanlageform der Deutschen, das Sparkonto. Wer es sich leisten kann, investiert jetzt lieber in Betongold. Der Mittelstand zum Beispiel, der auf ein paar Hunderttausend ererbten Euro sitzt und jetzt nicht weiß, wohin mit dem Geld (Deutsche hegen eine unüberwindbare Aversion gegen Aktien). Banken sind verzweifelt auf der Suche nach Geschäften und reichen Kredite am Fließband heraus. Versicherungen benötigen höhere Renditen, als Staatsanleihen sie derzeit bieten, und erweitern ihre Investitionen in Mietobjekte. Außerdem kann man sich über Immobilien mit »deutschen Euro« eindecken, nur für den Fall, dass die Gemeinschaftswährung doch noch scheitert und man dann lieber D-Mark als Drachmen oder Lira hätte.

Wer glaubt, dies alles könne ihm als Mieter egal sein, der täuscht sich. Auch die Mieten werden weiter steigen. Die Investoren sind nicht an sozialem Frieden oder gesellschaftlichen Konsequenzen interessiert. Sie brauchen Rendite für ihr Geld, jetzt. Und da gibt es nur zwei Möglichkeiten: die Miete erhöhen und/oder die Instandhaltung minimieren. Wegen des billigen Geldes setzen die meisten derzeit auf Modernisierungen. Die dürfen sie anteilig umlegen und damit die Miete dauerhaft erhöhen. Aber selbst ohne Modernisierungen wird alles versucht, und nur in manchen Städten wirken die Mietspiegel als letzter Puffer. Ist es ein Zufall, dass sie in den vergangenen Jahren immer häufiger von großen Unternehmen juristisch angegriffen werden? Bei Neuvermietungen schlagen die Preissteigerungen sowieso voll durch, Mietpreisbremse hin oder her. Und diese Preise finden, mit ein wenig Zeitversatz, wieder ihren Niederschlag in der Berechnung der Mietspiegel.

Gleichzeitig stehen kaum noch Wohnungen leer. Bundesweit liegt die Quote zwar bei den drei Prozent, die sich die Immobilienwirtschaft für einen funktionierenden Wohnungsmarkt wünscht. Aber in den begehrtesten sieben Großstädten liegt der Leerstand darunter, in München zum Beispiel bei 0,2 Prozent. Mit anderen Worten, nichts geht mehr. Wie bei der Reise nach Jerusalem, wenn die Musik aufgehört hat zu spielen: Keiner zieht mehr um. Die Stadt erstarrt. Besonders die teuren Viertel sind hoffnungslos überaltert, zum einen, weil nur Gutsituierte sie sich leisten können, zum anderen aber auch, weil alte Menschen alte Mietverträge haben und deshalb keinen Umzug wagen. Junge Familien ziehen längst raus aus der Stadt, nicht, weil sie wollen, sondern weil sie müssen.

Britische Wissenschaftler haben die negativen Auswirkungen solcher Extreme nachgewiesen. Je ungleicher eine Gesellschaft, desto mehr Probleme hat sie beispielsweise mit Kriminalität, körperlichem Übergewicht oder psychischen Erkrankungen.[3] Und kein anderes Land der Eurozone ist stärker polarisiert als Deutschland, die Einkommen sind in Deutschland schneller und weiter auseinandergegangen als in den meisten anderen OECD-Staaten.

Die Expo Real in München ist die größte Fachmesse für Immobilien und Investitionen in Europa. Über 2000 Unternehmer aus 35 Ländern stellen dort im Oktober 2017 aus, es ist ein neuer Rekord, nur einer von vielen in dieser Branche. Man spürt und sieht, dass sie nicht nur brummt, sondern heiß läuft. Nahezu jeder Stand in den sechs Hallen kredenzt Essen und Getränke gratis, nicht etwa Käse-Igel und Leberwurstbrote, sondern vom Lachs-Kanapee über die komplette Entenbrust mit Blaukraut und Knödel bis hin zu Tiramisu mit Physalis, gefolgt vom Latte macchiato. Die Prospekte sind teuer gebundene Hochglanzbücher, und flächendeckend liegen Kugelschreiber und Gummibärchen aus.

Am Abend drängen sich Dutzende von Männern am Stand des internationalen Immobilieninvestmentmanagers Savills, wo Freibier, Wein und Mojitos in Strömen fließen.

Die Stimmung erinnert an die Bars der Londoner City oder der New Yorker Wall Street, wenn die Börse mal wieder Rekorde eingefahren hat und Gewinne und Boni in Millionenhöhe winken. Man sieht es ihnen an, den jungen Alpha-Haien in den dunklen Anzügen, es ist Blut im Wasser und die Party noch lange nicht vorbei.

Nur denen, die schon länger dabei sind und die Erfahrung mit Zyklen haben, wird die Sache langsam unheimlich. Wie lange kann das noch gut gehen, fragen sie sich schon seit Jahren und versuchen mit Sprüchen wie »drei ist die neue Fünf« (Prozent) zu relativieren, dass die Rendite im Verhältnis zum Kaufpreis gefährlich geschrumpft ist. Aber noch lässt sich mit Immobilien viel Geld verdienen, 2016 wurden damit in Deutschland über 237 Milliarden Euro umgesetzt, und bei den institutionellen Investoren kamen schätzungsweise 40 Prozent aus dem Ausland.

Silly money, dummes Geld, nennt das Professor Harald Simons vom Immobilienforschungs- und Beratungsinstitut Empirica in Berlin, zumindest was die Wohnimmobilien betrifft. Er prognostiziert sinkende Preise, weil ausländische Investoren genauso schnell verschwinden werden, wie sie gekommen sind, wenn sich irgendwo auf der Welt eine bessere Anlage auftut. Und das passiert spätestens dann, wenn die Zinsen steigen, der Dollar steigt oder die Zuwanderung versiegt – globale Ereignisse, die man weder vorhersehen noch beeinflussen kann. Für seine Kassandrarufe musste er aus der Branche schon viel Häme einstecken.

Dennoch beherrscht die Podiumsdiskussionen auf der Expo Real ein leicht mulmiges Gefühl, und selbst hochkarätige Experten sind sich keineswegs einig, ob und wie lange das noch so weitergeht. Christian Ulbrich ist CEO von Jones Lang LaSalle (JLL), einem weltweit agierenden Immobilienunternehmen mit einem Umsatz von 6,8 Milliarden Dollar, 80 000 Angestellten und 300 Büros in 80 Ländern. Auch wenn er in Deutschland mehr nicht-institutionelle Kapitalanleger sieht als je zuvor, so gibt er Privatleuten doch einen erstaunlichen Tipp: »Ich persönlich würde derzeit keine Eigentumswohnung kaufen, ich wäre da sehr vorsichtig. Die Leute lügen sich die Rendite auch gerne schön: Sie rechnen nur mit den Einnahmen, nicht aber mit den Kosten, die mit einer Immobilie verbunden sind.«

Und Rolf Buch, CEO vom größten deutschen Wohnungsunternehmen und Dax-Mitglied Vonovia, wird noch deutlicher: »Besitzer von weniger als fünf Eigentumswohnungen sind Amateure. Die Kosten stehen in keiner Relation zur Rendite, dem Risiko und den hohen Anschaffungskosten. Immobilien sollte der Privatmann nur aus emotionalen Gründen kaufen. Sie sind Konsum, das muss einem bewusst sein. Eine Immobilie zu kaufen in der Hoffnung, den Erben etwas zu hinterlassen, ist Fiktion. Das einzig Gute daran ist: Man wird es nicht mehr erfahren.«

Jedenfalls wird mir auf der Fachmesse klar, dass der Privatmensch in dieser Branche eine untergeordnete Rolle spielt. Sein »Konsum« treibt offenbar nicht den fieberhaften Rausch auf dem Immobilienmarkt, er kann nur staunend zusehen, wie ihm die Preise davonlaufen. Es geht zwar eigentlich um sein Zuhause, aber irgendwie hat er die Kontrolle verloren. Wann und wie ist das passiert?

Spurensuche

Den Ursachen der Preisexplosion systematisch auf die
Spur zu kommen, ist mühsam. Hunderte von Statistiken
und Fachartikeln erzählen die Geschichte unserer Häuser
und Wohnungen immer nur aus einer Perspektive: Was
kostet wie viel und mit welcher Rendite? Nur das sind die
Fragen, die die Geschäftsleute interessieren. Es ist eine riesige Industrie mit einer ganz eigenen Logik, und mein
Bohren nach »wer kauft eigentlich warum?« stieß auf großes Unverständnis. »Für die Preise spielt das doch gar
keine Rolle«, war das häufigste Argument.

Wirklich? Ist es egal, ob ein Käufer langfristig denkt
oder hier nur ein paar Jahre spekuliert? Ob er Geld investiert oder es vor den Behörden versteckt? Steigen die
Mieten wegen der höheren Nachfrage oder weil jedes
juristische Schlupfloch ausgenutzt wird und ein Portfolio
bedient werden muss? Ich wollte diese Antworten und ich
wollte sie aus Sicht der Verbraucher, die nicht in einer Immobilie, sondern in einem Zuhause leben.

Anderen scheint es ähnlich zu gehen. Nach Jahren wü-
tender Demonstrationen und empörter Berichterstattung
über lange Schlangen bei Massenbesichtigungen, unver-
schämte Makler, gleichgültige Hausverwalter, verzweifelte
Familien, Rentner und Studenten regt sich Widerstand.
Das gemeinnützige Recherchezentrum CORRECTIV
startete im Februar 2018 die Webseite »Wem gehört Hamburg?«. Ihre Ansage: »Wir wollen mit Ihnen herausfinden,
wem Ihre Wohnung gehört. Wer Ihre Miete erhöht oder
sich nicht um Reparaturen kümmert. Und wir können
aufdecken, wer von der Intransparenz im Immobilienmarkt profitiert.«

Zahlreiche Mieter sind ihrem Aufruf gefolgt und erzählten von Erfahrungen mit Vermietern. Darunter befinden sich dänische Immobilienfonds, die ihre Häuser verkommen lassen, aber auch viele Genossenschaften, die als Reaktion auf die Recherchen erstmals ihre Bestände veröffentlichen. Und jeden Tag tauchen in Hamburger Hinterhöfen kaufwillige Investoren auf, die versuchen, die Mieter auszufragen.

Ähnlich wie beim Dieselskandal sind die Hinweise auf die Schattenseiten des deutschen Immobilienmarktes längst öffentlich. Manchmal ist es ein anekdotenhafter Bericht über die Exzesse von Vermietern in einer Großstadt, manchmal ein kleines Detail in den Paradise Papers oder in einem Strafprozess. Wenn man die Arbeiten investigativer Journalisten, die Berichte von Ermittlungsbehörden oder die Studien von Schwarzgeldexperten auswertet, findet man plötzlich Hinweise auf Millionendeals. Wer sich fragt, wer diese Immobilienpreise eigentlich noch bezahlen kann, dem liefern Steueraktivisten ungeheuerliche Zahlen über das Ausmaß der Hinterziehung. Internationale Experten warnen in kleinen EU-Anhörungen vor der Mafia in Deutschland. Und auch ein Blick ins Ausland kann die Augen öffnen für Dinge, die sich bei uns hinter dem Datenschutz verbergen.

Es geht um beträchtliche Summen. Über die Bank für Internationalen Zahlungsausgleich ist zum Beispiel ersichtlich, wo Steuerflucht-Gelder aus Entwicklungsländern hauptsächlich angelegt werden. Entgegen landläufiger Meinung stehen nicht die typischen Steueroasen an vorderster Stelle, sondern große Industriestaaten. Deren Banken absorbieren zwischen 56 und 76 Prozent solcher Ströme.[4]

Außerdem können Banken aus notorischen Steueroasen für ihre Kunden sogenannte Korrespondenzkonten bei deutschen Banken eröffnen. So gelangt das Geld von Offshore-Konten auf deutsche Konten und von da in unseren Zahlungsverkehr und unsere Immobilien. Die berüchtigte panamaische Anwaltskanzlei Mossak Fonseca nutzte diese Methode zur Geldwäsche und Steuerhinterziehung. Dem gegenüber stehen auf deutscher Seite bis heute nur rund 150 Beamte, die sich hauptberuflich mit dem Thema befassen.

Vor allem aber genügt ein Schritt zurück, um zu sehen, dass die Politik völlig versagt hat. Die Regierungen Helmut Kohl und Gerhard Schröder haben sich sukzessive aus der Wohnungspolitik verabschiedet und den Markt komplett sich selbst überlassen. Unter Merkel wurden entscheidende Entwicklungen wie die Folgen der Finanzkrise, die Landflucht und die Zuwanderung jahrelang konsequent ignoriert oder nicht verstanden. Jetzt leben Millionen von Menschen in einem diffusen Gefühl der Angst um ihr Zuhause.

Unsere Regierung ist ursächlich für die Wohnungsmisere verantwortlich und tut zu wenig zu spät, um sie zu lindern. Nicht sie steuert heute den deutschen Immobilienmarkt, sondern Aktiengesellschaften, Großkonzerne, Geldwäscher, Steuerhinterzieher, saudische Prinzen und chinesische Neureiche. Die kaufen per WhatsApp und öffnen ihre Schatullen, ohne hinzuschauen, denn deutsches Betongold ist international hochbegehrt. Die beispiellose Preisspirale ist die Folge einer unheiligen Allianz aus Globalisierungsprofiteuren, verschwiegenen Steuerberatern und einer Politik des gefährlichen Laissez-faire.

LIEBER DÜSSELDORF ALS DUBAI – AUSLÄNDISCHE INVESTOREN

Wenn man herausfinden will, wie der Markt funktioniert, dann sollte man mit einer Zwangsversteigerung beginnen. Sie bietet eine Art Grundkurs in Angebot und Nachfrage, Preisbildung und Pleite, sie zeigt Anfang und Ende einer großen Investition. Alle Schritte eines Immobilienkaufs finden hier fast gleichzeitig statt, und deshalb sind nur hier sämtliche Beteiligte wie bei einem Theaterstück in einem Raum versammelt: der kühl kalkulierende Banker, der unbeteiligte Beamte, undurchschaubare Geschäftsleute und aufgeregte Träumer – und manchmal auch ein bedrückter Schuldner.

Die dort aufgerufenen Preise klingen sagenhaft günstig, verglichen mit dem Markt. Das liegt daran, dass man die Katze im Sack kauft. Die Unterlagen sind nicht vollständig, Besichtigungen von innen unmöglich, und für Altlasten übernimmt niemand die Haftung. Zwar lassen die Amtsgerichte vor den Versteigerungen immer Gutachten über den Verkehrswert erstellen, doch diese arbeiten häufig auch nur mit Annahmen und Näherungswerten. Der größte Reiz liegt darin, dass man die Immobilie theoretisch bis zu 50 Prozent unter diesem Verkehrswert erwerben kann. Das lockt die Schnäppchenjäger, und naturgemäß trifft man bei Zwangsversteigerungen auf ein wahres Sammelsurium von Interessenten – übrigens aus aller Welt. Hier kann man sich ein Bild darüber verschaffen, wer bereit ist, sein Geld in Immobilien zu investieren, wie viel tatsächlich bezahlt wird – und warum. Zwangsversteigerungen sind sozusagen ein Fieberthermometer des Marktes.

An einem Dienstagvormittag kurz vor Weihnachten steht in Leipzig ein teilsaniertes, viergeschossiges Mehrfamilienhaus mit ca. 620 Quadratmeter Wohnfläche auf dem Gerichtskalender: Baujahr um 1900, Sanierungsarbeiten ab 1992; vermutlich als Wohnraum genutzt; AUSSENBEWERTUNG, weil dem Gutachter der Zugang zum Grundstück verwehrt wurde. So liest es sich im offiziellen Gutachten des Amtsgerichts. »Im Wege der Zwangsvollstreckung« sollen nun die Schulden bei der Bank und der Stadt beglichen werden.

Von außen betrachtet befindet sich das Haus in einem beklagenswerten Zustand, niemand kann mit Sicherheit sagen, was renoviert werden muss; nur dass es viel ist, das sieht selbst der Laie. Eine lange Rußfahne erstreckt sich über zwei Stockwerke, offensichtlich die Spuren eines Brandes; auf dem Dach liegen verrutschte Ziegel, die Kellerfenster fehlen, der ganze Hof steht voll mit Sperrmüll, und das Hinterhaus strotzt vor feuchten Flecken, von denen der Putz abplatzt. Dort wohnen Jelena und Frank zur

Miete, in zwei Wohnungen übereinander, die sie nach eigener Aussage durch den Einbau von Durchlauferhitzern erst bewohnbar gemacht haben.

Jelena stammt aus Russland und Frank aus Berlin. Er wurde in den Neunzigerjahren zunächst aus Kreuzberg »wegsaniert«, zog um nach Prenzlauer Berg, später Friedrichshain, bis es auch dort zu teuer wurde und er hierher in das alte Leipziger Industrieviertel Plagwitz flüchtete. Jetzt steht der Mittfünfziger mit einer ganzen Reihe falscher Zähne und knallrotem Schal fröstelnd vor dem Haus, ringsum wird gebaut und gehämmert. »Det is hier überall so, da drüben, det war ne Fabrik, wird alles umjebaut in schicke Wohnungen. Und det hier nebenan jehört nem italienischen Pizzabäcker. Gastronom müsste man sein«, sagt er und zwinkert vielsagend.

Eine junge, groß gewachsene Studentin gesellt sich dazu, Laura. Sie lebt seit 2012 im Dachgeschoss auf 30 Quadratmetern, heizt mit Kohle und erzählt amüsiert von ihrer ersten und einzigen Begegnung mit einem Elektriker: »Der wollte neue Steckdosen legen, aber das ist so ein Durcheinander von alten und neuen Leitungen, dass er nach ein paar Stunden einfach aufgegeben hat.« Mit anderen Worten: Niemand, der noch ganz bei Trost ist, sollte diese Immobilie mit der Pinzette anfassen. Sie ist ein sanierungsbedürftiges Fass ohne Boden, das noch dazu unter Denkmalschutz steht und rund 3 Euro Miete pro Quadratmeter abwirft. Ihr Verkehrswert wurde gemäß § 74a Abs. 5 ZVG festgesetzt auf 400 000 Euro. Ein sehr stolzer Preis, wenn man noch die mindestens 2000 Euro pro Quadratmeter für eine Sanierung einrechnet.

Laura, Frank und Jelena haben sich hier verabredet, um gemeinsam die Zwangsversteigerung ihres Hauses zu besuchen. Sie würden zu gern wissen, wem sie in Zukunft gehören werden. Die Eigentumsverhältnisse waren immer schon verworren, die Rede ist von einem Hausverwalter, der mit einer chinesischen Investorin verbandelt ist, gleichzeitig aber auch irgendwie mit dem insolventen Eigentümer unter einer Decke steckt. Mindestens zweimal wurde der Versteigerungstermin abgesagt. Das passiert immer dann, wenn sich Gläubiger und Schuldner doch noch einigen oder neue Fristen einräumen. Doch heute ist es so weit, viele Menschen strömen zusammen mit den drei Mietern in das Amtsgericht Leipzig.

Passenderweise befindet es sich in einem Gebäude, das der berühmte Immobilienpleitier Jürgen Schneider nach der Wiedervereinigung ergattert hatte, und zwar aus dem Bestand des Volkseigenen Betriebs »Bau- und Montagekombinat Süd«. Als Schneider dann Mitte der Neunzigerjahre spektakulär in den Konkurs schlitterte, gelangte die Immobilie via Zwangsversteigerung und Tauschgeschäften wieder in die Hände des Freistaats Sachsen. Wo sonst wären Zwangsversteigerungen also besser aufgehoben?

Vor dem Sitzungssaal 101 warten bereits kleine Grüppchen, die sich alle neugierig beäugen. Ein asiatisches Pärchen sitzt schüchtern auf der Kante einer Bank, drei blonde Hipster tigern auf dem Flur gegenüber auf und ab und diskutieren angeregt. Einige Herren mittleren Alters mit Aktentaschen und iPads scheinen sich zu kennen und nicken sich mit starrem Pokerface zu. Die wohlriechende blonde Dame in gefährlich hohen, schwarzen Wildlederstiefeln und Cape mit Pelzbesatz sagt mit osteuropäischem Akzent, sie wolle gern etwas kaufen und sei hier, um zu sehen, wie es funktioniert. Etwas abseits sitzt ein auffällig gepflegter Herr mit weißem Bürstenhaarschnitt und asiatischen Gesichtszügen mit seinem Architekten, und eine weitere Asiatin entpuppt sich später als Russin, die ganz offensichtlich im Auftrag ihres finster dreinblickenden männlichen Begleiters arbeitet. Als die Rechtspflegerin schließlich um Punkt zehn Uhr die schwere Eichentür aufsperrt, drängen sich 52 Menschen in den kleinen Saal.

Betonrausch

Seit zwei Jahren geht das nun schon so in Leipzig, die Säle sind immer voll, und alles geht weg, meistens 20 bis 30 Prozent über dem aufgerufenen Verkehrswert und manchmal sogar für das Dreifache. »Da sitzen Leute drin, da glaubt man, um Gottes willen, die haben doch nie das Geld! Aber dann zahlen die ohne Probleme. Also, man steckt nie drin, man weiß es nicht. Das sind Leipziger, Ausländer, Makler, Bauträger, alles Mögliche«, erzählt eine Mitarbeiterin aus der Zwangsverwaltung. Früher war das anders. Da konnte die Mindestbietzeit von 30 Minuten schon einmal verstreichen, ohne dass ein einziger Interessent auftauchte. Und bis vor zehn Jahren wurden manche Objekte für ein Drittel ihres Wertes verschleudert.

Heute haben die Gläubiger wieder bessere Karten. Ein Vertreter der Nürnberger Lebensversicherung, ein untersetzter Herr um die fünfzig mit unauffälliger Metallbrille, hat »Schutz und Sicherheit im Zeichen der Burg« frühmorgens hinter sich gelassen, um die Versteigerung in Saal 101 zu überwachen. Seine Kreditabteilung ist klein, trotzdem kommt er viel herum in Deutschland. »Im Ruhrgebiet oder an der polnischen Grenze sind die Versteigerungen sehr unattraktiv, da erreichen wir nie unser Ziel. Aber in Leipzig sind wir immer ganz zufrieden«, bemerkt er. Die Nürnberger Lebensversicherung hatte sich im Jahre 1994 eine Grundschuld in Höhe von 1,4 Millionen Mark eintragen lassen, umgerechnet rund 718 000 Euro. Für ein Gebäude, in dem laut Bauakte schon damals der Echte Hausschwamm wuchs (er ist ein meldepflichtiger, schwerer Baumangel und wurde deswegen 2004 zum Pilz des Jahres gewählt) und das 1992 abgerissen werden sollte, da es bereits seit Längerem leer stand und starken Verfall aufwies. Diese Ruine also hatte die Kreditabteilung des rundlichen Franken mit 718 000 Euro beliehen und wollte nun ihr Geld zurück, plus 300 000 Euro Zinsen. Leider ist das Gebäude laut Gutachten nur 400 000 Euro wert.

Es ist ein gutes Beispiel für den ersten ostdeutschen Immobilienboom, bei dem Milliarden an Westinvestitionen versenkt und viele Menschen in die Pleite getrieben wurden. Welch Goldgräberstimmung in den Neunzigerjahren herrschte, macht ein Blick in die Statistiken des Amtsgerichts Leipzig deutlich. Allein zwischen 1995 und dem Jahr 2000 wurden dort über 400 000 Grundbucheingänge bearbeitet, also im Prinzip die ganze Stadt einmal verkauft. Doch gleichzeitig sank die Einwohnerzahl rapide, und immer mehr Wohnungen standen leer. Das bereitete der Spekulation ein raues Ende, und in den nächsten zehn Jahren stieg die Zahl der Zwangsversteigerungen, im Schnitt auf weit über 2000 pro Jahr.

In den Unterlagen einer Grundstücksgesellschaft kann man nachlesen, welche Auswirkungen das bis heute hat: Für die Eheleute Anne und Siegfried T. sind die Schulden

34

ihrer Ostimmobilie seit den Neunzigerjahren beispielsweise auf 720 049 Euro angelaufen. Sie ist inzwischen 77, er 80 Jahre alt. Der Gerichtsvollzieher hat festgestellt, dass Anne T. kein pfändbares Vermögen besitzt und eine Rente von 1136,40 Euro bezieht. Auch Herr T. hat keine pfändbaren Güter und bekommt eine Rente von 708,10 Euro. »Es ist davon auszugehen, dass die Eheleute aufgrund ihres Alters keine Vermögenswerte mehr erlangen werden und dass die Rentenansprüche der beiden nicht zu positiven Pfändungsmaßnahmen führen dürften«, heißt es in dem Schreiben des Liquidators.

Das erste Gebot dieser Zwangsversteigerung kommt von dem schüchternen asiatischen Pärchen. Sie sind, wie sich jetzt herausstellt, Koreaner. Jeder, der bei einer Zwangsversteigerung mitmachen will, muss sich ausweisen und 10 Prozent des Verkehrswertes hinterlegen, entweder als Bankscheck, Bürgschaft oder Überweisung an die Justizkasse − in diesem Fall 40 000 Euro. Die Koreaner bieten 200 000 Euro, das juristische Mindestgebot. Es entsteht eine kurze Pause im Publikum, die der Ungeübte als Zögern interpretieren könnte. Tatsächlich verfolgen die meisten Menschen bei Auktionen eine Taktik. Manche bieten in großen Schritten, um Konkurrenten zu verschrecken; andere in möglichst krummen Summen und ungleichen Intervallen, damit sie unberechenbar bleiben. Und wieder andere lassen erst alle voranstürmen, bevor sie selbst am Schluss in Erscheinung treten.

Bieterin Nummer zwei will das Verfahren wohl beschleunigen und Mitbieter abschütteln, ihr Angebot lautet 300 000. Sie trägt lange seidige, schwarze Haare, ist wie aus dem Ei gepellt und sieht eigentlich nicht nach Schrottimmobilie aus. Offenbar bietet sie im Auftrag ihres Begleiters, mit dem sie sich aufgeregt auf Russisch unterhält. Ihr Nachname endet auf -kowa, und die Rechtspflegerin benötigt länger für das korrekte Buchstabieren als für die restlichen Formalitäten.

Jetzt meldet sich die erste Firma zu Wort, eine Grundbesitz Leipzig GmbH, dann eine MoST GmbH und schließlich die GRK Immobilien GmbH, die bei 330 000 Euro einsteigt. Sie ist der größte Wohnungssanierer Leipzigs und gehört zur Instone Real Estate, die früher Formart hieß und nun vom internationalen Immobilienkonzern ActivumSG geschluckt wurde – mit Sitz auf Jersey, einer Steueroase im Ärmelkanal. Dahinter verbirgt sich ein amerikanischer Fondsmanager namens Saul Goldstein, der bereits seit 2007 in unterbewertete europäische Immobilien investiert und über die Instone mittlerweile Projekte im Wert von 3,4 Milliarden Euro steuert. Am 15. Februar 2018 brachte er Instone Real Estate an die Börse. Augenscheinlich sind die Global Player also auch in Leipzig angekommen.

Bei 370 000 steigt die LLP Greenpark in den Ring, laut Eigenwerbung im Internet eine Aktiengesellschaft mit Hauptsitz in London und Niederlassungen in der Schweiz, Spanien und Andorra. Sie kamen zu dritt aus Berlin angereist, auch bei ihnen muss sich die Rechtspflegerin anstrengen, es gibt Verständnisschwierigkeiten mit dem englischsprachigen Bieter (fifty or fifteen?). Bei 450 000 verabschieden sie sich. Das war auch die Schallgrenze der drei blonden Hipster. Zwei von ihnen stammen aus Berlin, einer aus Holland. Sie vergleichen Leipzig mit Kopenhagen, das sei auch nicht größer und fünfmal so teuer. Also wollten sie probieren, eine Immobilie günstig zu erwerben und in Eigenleistung zu sanieren. Sie haben die Rechnung ohne die Profis gemacht.

An den Richtertisch, wo man sich zunächst ausweisen muss, tritt nun eine Chinesin, und die Rechtspflegerin erkundigt sich nach dem Wohnsitz und der Sicherheitsleistung. Minutenlang wird diskutiert, gekramt und telefoniert. Die Rede ist von telegrafischer Anweisung, dann stürmt Frau X. aus dem Saal, um noch Kontoauszüge aufzutreiben. Nur wenn die 40 000 Euro hinterlegt sind, wird sie im Verfahren überhaupt zugelassen. Bis vor zehn Jahren konnte man dieses Geld noch bar auf den Tisch legen.

Mittlerweile steht das höchste Gebot bei 530 000 Euro, mehr als 30 Prozent über dem Verkehrswert. Es wurde abgegeben von dem weißhaarigen Bürstenschnitt mit dem sehr gut sitzenden Kurzmantel und den auffällig gepflegten Händen. Sein grüner Reisepass weist ihn als Vietnamesen aus. »Ist dieses Hütchen auf dem O Namensbestandteil?«, will die Rechtspflegerin wissen. »Egal«, antwortet er mit der Resignation eines Menschen, der beim Buchstabieren schon zu oft an Grenzen stieß. Sie sagt: »Das ist nicht egal, ich muss das ja korrekt schreiben.«

Im Rennen sind jetzt noch vier GmbHs und eine Privatperson. Sie haben ihren Hintergrund in Osteuropa, den USA, München, Leipzig und Vietnam. Ausgeschieden sind China, Korea, England, Russland und Holland. »In der Stadt herrscht eine Stimmung wie beim Winterschlussverkauf«, sagt Hubert Kretschmar von der Grundbesitz Leipzig GmbH. »Jeder hat das Gefühl, bald gibt's keine Häuser und Grundstücke mehr.« In Zehntausend-Euro-Schritten bieten sich die verbliebenen Kombattanten in schwindelnde Höhen, und als sie die 630 000-Marke knacken, geht ein Raunen durch Saal 101. Wieder ist es der Mann mit dem grünen Pass, der nahezu bewegungslos in der ersten Reihe sitzt, sehr aufrecht und sehr aufmerksam, der im letzten Moment nachzieht. »Woher hat der denn das Geld?«, flüstern die Zuschauer in den hinteren Reihen.

Die Mindestbietdauer ist längst abgelaufen, und es wird offensichtlich: Alle wollen diese Bauruine haben, anscheinend um jeden Preis. Immer schneller kommen die Gebote, die Zeit des Taktierens ist vorbei, die Profis befinden sich sehr nah an ihrer Obergrenze, die sie sich vorher gesetzt haben. Für die Deutsch-Amerikaner liegt sie bei 640 000, für die Osteuropäer bei 665 000 und für die Leipziger bei 670 000. Doch einer zuckt mit keiner Wimper, legt wieder und wieder nach: Herr D. aus Vietnam. Für 675 000 Euro erlangt er schließlich den Zuschlag, es sind fast 70 Prozent mehr, als das Haus laut Gutachten wert ist. Herr D. strahlt über das ganze Gesicht. Er sei Geschäftsmann, sagt er, und wolle das Gebäude sanieren. Er besitze bereits mehrere Häuser in Leipzig und Frankfurt. Aha, Bauunternehmer also? Nein, Gastronom. Und er lebt seit 40 Jahren in Deutschland. Mehr will er nicht erzählen. Eine kurze Internetrecherche weist ihn als Geschäftsführer eines Asia-Imbisses aus.

Wem gehört Deutschland?

Weiß das Amtsgericht Leipzig eigentlich, in welchen Größenordnungen ausländisches Geld bei Zwangsversteigerungen zum Einsatz kommt? »Nein«, sagt der stellvertretende Amtsleiter Dominik Schulz, »das wird gar nicht separat erhoben.« Und könnte das Grundbuchamt Auskunft darüber geben, wie viele Immobilien ausländischen Investoren gehören? »Nein, auch das wird statistisch nicht erfasst. Uns liegen zwar die Kaufverträge vor, aber sie werden diesbezüglich nicht ausgewertet.«

Wie sich herausstellt, trifft das auf ganz Deutschland zu. Man möchte es kaum glauben, aber das Land, das weltberühmt ist für seine Bürokratie und den Computer erfunden hat, führt keine offiziellen Statistiken darüber, wem eigentlich seine Immobilien gehören. Wir wissen zwar über den Verband deutscher Pfandbriefbanken, dass die Preise für Mehrfamilienhäuser 2016 um 7,1 Prozent gestiegen sind und seit Ende der Finanzkrise bundesweit um rund 40 Prozent. Beim Bundesinstitut für Bau-, Stadt- und Raumforschung führt man zumindest Buch über Großeinkäufe ab 800 Wohnungen und kann anhand der Namen der Investoren einzeln zurückverfolgen, wer dahintersteckt. Und die Gutachterausschüsse veröffentlichen jedes Jahr die notariell beurkundeten Verkaufspreise in ihren Kommunen. Im Jahr 2016 wurden demnach Immobilien und Grundstücke im Wert von 237,5 Milliarden Euro gekauft.

Aber niemand weiß, welcher Anteil des deutschen Immobilienmarktes insgesamt in ausländischer Hand ist, wie viel Prozent in Aktiengesellschaften stecken, ob es sich um Briefkastenfirmen, Finanzinvestoren oder Einzelpersonen handelt; es kann nicht einmal ausgeschlossen werden, dass es Drogenhändler, Terroristen oder Waffendealer sind. Jedenfalls nicht durch die deutschen Behörden, die Kommunen, die Politiker oder die Bürger.

Münchens Gutachterausschuss zum Beispiel unterscheidet nur zwischen privaten oder nichtprivaten Käufern und führt zudem eine interne Statistik über die Käufe der Kirche und der Kommunen. Frankfurt erfasste noch bis 2006, ob die Käufer aus Frankfurt, der Umgebung, Deutschland oder dem Ausland stammten. Doch ein Softwarewechsel vernichtete diese Information. Hamburg unterscheidet zwischen natürlichen und juristischen Personen. Einzig Berlin versucht seit einigen Jahren, einen besseren Überblick zu bekommen. Von rund 23 000 Transaktionen im Jahr 2017 waren 16 000 deutsche Käufer, der Rest konnte entweder nicht erfasst werden oder stammte aus dem Ausland. Allerdings: Wenn sich hinter einer deutschen Firma ausländische Investoren befinden, verwandeln die sich statistisch in Deutsche.

Wer Zahlen will, muss dort nachfragen, wo das ganz große Geld herkommt. Ab einer gewissen Größenordnung geben internationale Investoren und deren Makler offen Auskunft über Portfolios und Latifundien. Es sind Immobilienagenturen wie Jones Lang LaSalle (JLL), Savills oder Ernst & Young, die an solche Investoren vermitteln und regelmäßig entsprechende Studien erstellen. Sie repräsentieren etwa ein gutes Viertel des gesamten Marktes. 2017 ist das Volumen der Wohnungsverkäufe um 19 Prozent gestiegen, und zwar zunehmend durch viele kleinere Transaktionen, nicht durch Megadeals mit Tausenden von Wohnungen. In diesem Segment ist der Markt seit 2015 schlicht leer gekauft. In Berlin stammen fast 40 Prozent dieser Wohnungsinvestoren aus dem Ausland, in ganz Deutschland sind es rund ein Viertel. Wer mag uns am meisten? Israel, die Schweiz und Frankreich – in dieser Reihenfolge.

Herausgefunden hat das Helge Scheunemann, ein großer, scheuer Hanseat mit lichtem Haar, Head of Research Germany bei der Immobilienagentur JLL. Er ist einer der wenigen, die sich die Mühe machen, die Käuferstruktur näher anzusehen, und die durch mühsames Zusammentragen privater und öffentlicher Quellen einen gewissen Überblick haben. Seine Firma ist als Immobilienmakler im großen Stil unterwegs, die Mitarbeiter müssen wissen, was auf dem Markt los ist. Allerdings interessieren sie sich erst für Transaktionen ab zehn Wohneinheiten. Vor Kurzem rief ihn ein irischer Investor an. Er habe drei Millionen Euro und wolle damit deutsche Immobilien kaufen, ob er vorbeikommen könne. Solche kleinen Fische schickt er an andere weiter, sie kommen auch in seiner Statistik gar nicht vor.

Von den großen Immobilientransaktionen lassen sich laut Scheunemann 80 Prozent durch Pressemitteilungen, Newsletter, Branchenkenntnis und Informationsaustausch mit anderen Maklern auf dem internationalen Markt zuordnen. Von offizieller Stelle gibt es keine Hilfe, »die Immobilienwirtschaft wird von den Statistikämtern sehr stiefmütterlich behandelt. Angaben über Nationalität oder Firmensitz werden leider nicht erhoben«. Und so bleiben mindestens 20 Prozent der Käufer von mehr als zehn Wohneinheiten auch für ihn im Dunkeln. Sie verbergen sich hinter sogenannten Assetmanagern, Fondsgesellschaften oder Family Offices, es sind Chinesen, Araber, Pensionskassen, reiche Privatpersonen oder auch ausländische Regierungen. Niemand weiß das genau, schon gar nicht die deutschen Behörden – weil sie erst gar nicht danach fragen.

Vom Besuch auf einer Konsumenten-Immobilienmesse erhoffe ich mir Aufschluss über dieses Desinteresse. Immerhin sollen dort offizielle Vertreter der Stadt den Bürgern zur Verfügung stehen. Es ist ein strahlender Frühlingssonntag in München, und die Messe findet im Untergeschoss der kleinen Olympiahalle statt, ein ziemlich trostloser Veranstaltungsort. Doch die Stimmung ist blendend, nachgerade aufgekratzt. Viele junge Leute umschwirren viele Makler und diktieren ihnen ihre Wunschvorstellungen in die Suchmaske. »600 000 Maximum für 3 Zimmer, kann auch außerhalb sein«, sagt der Baseballkappenträger rechts von mir, dem ein schwarzes Tattoo aus dem Hals wächst. »780 000 für 75 Quadratmeter ist aber ganz schön happig«, mault ein nicht besonders großstädtisch wirkendes Pärchen. Der Makler lächelt und zuckt die Schultern.

Nebenan der Stand, von dem ich mir Auskunft über die ausländischen Investoren verspreche. Die Stadt München steht Rede und Antwort über neue Großprojekte und ihre bundesweit berüchtigte Wohnungsnot. Weiß sie, welcher Anteil von München ausländischen Investoren gehört? Wird das von den Ämtern abgefragt? »Um Gottes willen«, lautet die Antwort der Dame von der Lokalbaukommission, »das wäre ja ein Eingriff in die Privatsphäre! Nein, das fällt unter den Datenschutz.« Warum eigentlich? Von mir als Steuerzahler wissen sie doch auch alles. »Ja, nein, also so was wird nicht abgefragt.«

In Grundbüchern steht nur der Name eines Eigentümers, und wenn das ein Firmenkonstrukt ist, verliert sich die Spur sofort. Den Eintrag selbst erfährt der, der ein »berechtigtes Interesse« nachweist, also zum Beispiel Notare, Gläubiger und Gutachter, aber auch ein Mieter oder Nachbar. Die Entscheidung darüber liegt ganz im Ermessen des jeweiligen Grundbuchbeamten und wird immer einzeln geprüft – könnte ja jeder kommen. So wie es eigentlich bei allen anderen öffentlichen Registern möglich ist, wie zum Beispiel dem Handels-, Vereins-, Partnerschafts- und Güterrechtsregister.

Überall ist eine »uneingeschränkte Einsichtnahme« erlaubt, nur beim Grundbuch nicht, denn da geht es um die Vermögensverhältnisse. Und nichts ist in Deutschland geheimer als Steuern und Vermögen. Selbst mit berechtigtem Interesse braucht man für Recherchen einen langen Atem – die Daten sind nicht digitalisiert und schon gar nicht zentral und bundesweit abrufbar. Zwar befinden sich viele Grundbücher bereits online, aber man kann sie nicht nach Kategorien durchsuchen. Eine Suche nach »allen Immobilien von Wolfgang Schäuble« wäre also nicht möglich, auch nicht eine Suche nach »allen nichtnatürlichen Personen« oder »allen Immobilien mit einer Grundschuld über zehn Millionen Euro«.

Von Dubai nach Berlin ...

Das Makler-Unternehmen Zabel in Berlin kennt zumindest eine Zahl: 70 Prozent seiner Kunden stammen aus dem Ausland. Man hat sich auf sie spezialisiert, denn Thomas Zabel hat mitbekommen, worüber man bei den Behörden offenbar nur raten kann: Das Interesse im Ausland an deutschen Immobilien ist riesig. »Wir spüren das deutlich seit 2006. Die Engländer und die Iren waren die Ersten. Als die Immobilien dort immer teurer wurden, fingen sie an, ihre Fühler nach Deutschland auszustrecken. Die zweite Welle kam ab 2007 aus Südeuropa, Spanier, Griechen, Italiener. Die Russen haben das Geschäft zwischen 2009 und 2015 dominiert, und heute kommen auch die

Chinesen, die Türken und die Araber. Die Motive sind ganz unterschiedlich; manche kaufen als Investition, manche wollen, dass ihre Kinder hier studieren, und manche finden einfach keine Mietwohnung.« In 15 Sprachen verkauft das Unternehmen elegante Eigentumswohnungen an wohlhabende Privatpersonen.

Zabel vertreibt zum Beispiel den Grand Tower im Frankfurter Europaviertel, einen Wohnturm mit 172 Metern, der genauso in New York, Schanghai oder London stehen könnte. Für Kunden, die auch dort investieren, sind die in Frankfurt aufgerufenen 9000 Euro pro Quadratmeter für niedere Stockwerke und 30 000 Euro für eines der Penthouses ein Schnäppchen. Auch Donald Trump hatte sich schon für das Gelände interessiert und der Frankfurter Bürgermeisterin Petra Roth 2001 höchstpersönlich von seinen – natürlich hochtrabenden – Plänen vorgeschwärmt. Man kann sich das gut vorstellen, in seinem goldenen Trump Tower: »Petra, I am telling you: it's gonna be beautiful, great, just sooo great. 200 meters, the tallest building in Germany!«

Es wurde nichts daraus. Jetzt vermarktet eben Zabel aus Berlin den Grand Tower auf einer sogenannten Roadshow durch Hongkong, Kuala Lumpur, Singapur, Schanghai, Dubai, Kuwait City und Katar – eindrucksvoll dokumentiert durch Fotos andächtig lauschender Scheichs bei einer PowerPoint-Präsentation. Der Turm war drei Jahre vor Fertigstellung bereits zu 80 Prozent verkauft, überwiegend an Kunden aus Asien, den USA und dem Nahen Osten. Sie suchen in Deutschland einen sicheren Hafen für ihr Geld.

Atef Ammar ist 30 Jahre alt, stammt aus Ägypten und arbeitete bis vor neun Monaten noch in Dubai. Dort verkaufte er in einem kleinen Stand in einer Shopping Mall deutsche Wohnungen. Araber kaufen gern aus Prospekten, am liebsten Projekte, die es noch gar nicht gibt. So kennen sie es aus dem eigenen Markt. Man kauft eine Wohnung zwei Jahre vor Fertigstellung und verkauft sie wieder mit Gewinn, ein Jahr vor Fertigstellung. *Flipping* heißt das. »Aber der Markt in Dubai ist eine Blase; es wird sehr viel gebaut, und wenn man das falsche Projekt erwischt, wird man es vielleicht nicht mehr los. Deutschland ist sicher, hier weiß man, was man kriegt.«

Heute ist Atef Ammar Makler bei Zabel und zeigt reichen Kunden aus Saudi-Arabien und den Vereinigten Arabischen Emiraten die schönen Seiten von Berlin: das Brandenburger Tor, die Hackeschen Märkte, den Kurfürstendamm. »Am meisten überrascht sie, wie offen und freundlich die Deutschen sind. Und dass alle Englisch sprechen. Das ist wichtig, dass sie das Gefühl haben, sie könnten sich hier alleine zurechtfinden.«

Die Kunden sind auf der Suche nach einer Wohnung in der Hauptstadt der wirtschaftlichen Nummer eins in Europa, politisch stabil, spottbillig im Vergleich zu London und vor allem transparent. Das Wort erwähnt Ammar in unserem Gespräch ein halbes Dutzend Mal. »Man kann alle Informationen einfach bekommen, auch online, was in den Zeitungen steht, stimmt mit den offiziellen Zahlen überein, die Preise und Mieten sind jederzeit nachvollziehbar, das Verkaufen ist hier ein Traum!« Araber interessieren sich für Superlative, also zum Beispiel »höchstes Gebäude« oder »beste Gegend«, so etwas zieht immer. Ammar nennt es den Wow-Faktor. »Sie wollen ihren Freunden zeigen, was sie gekauft haben, sie wollen eine Trophäe, die sie glücklich macht.« Die Projekte, die er anbietet, heißen High Park, The Mile und Guardian und bieten alle Concierge-Service. In Berlin wusste man vor zehn Jahren noch gar nicht, was das ist.

Persönliche Besichtigungen mit seiner Käuferschicht – mit einem Vermögen ab fünf Millionen Euro – folgen einem festen Programm. Es beginnt damit, dass er die Kunden mit dem firmeneigenen schwarzen Mercedes-Bus und einem Fahrer vom Flughafen abholt. Wichtig ist, dass man sich bereits im Auto gegenübersitzt, sozusagen auf Augenhöhe, sonst wird man gar nicht erst ernst genommen. Auf dem Weg in das Hotel Adlon oder Ritz-Carlton plaudern die Männer (es sind immer Männer) über die Familie, das Wetter, die Shopping-Möglichkeiten, aber keinesfalls über das Geschäft. Auch beim gemeinsamen Mittag- und Abendessen in der Friedrichstraße bleibt es tabu, man lernt sich erst einmal kennen. Sie flanieren durch die Einkaufsstraßen und benutzen vielleicht sogar die öffentlichen Verkehrsmittel, um zu demonstrieren, wie easy hier alles ist.

Für Araber ist ein Geschäft letztlich Gefühlssache, so beschreibt es Ammar. Wenn sie Vertrauen gefasst haben, spielen die genauen Zahlen nur noch eine untergeordnete Rolle. Bisher hat in den gemeinsamen drei Tagen noch jeder unterschrieben, und vor allem geht es beim nächsten Mal dann ganz unkompliziert. »Meine letzten beiden Objekte, im Wert von 1,5 Millionen Euro, habe ich über WhatsApp verkauft. Der Kunde fragte mich, ob ich sie für einen guten Deal halte, ich sagte ja, und das war's.« Seine Perspektive ist sehr langfristig; er glaubt, die guten Investitionsmöglichkeiten in Deutschland werden sich weltweit herumsprechen, und ein Ende des Ansturms sei nicht in Sicht. »Ein Kunde erzählt es seinem Bruder, der berichtet es seinem Cousin und der wieder einem Geschäftsfreund.

Sie zeigen sich gegenseitig Fotos, und wenn es ein gutes Geschäft war, kommen bald zehn weitere Interessenten.«

... und von Peking nach Frankfurt

Vor etwa zehn Jahren entdeckte Lin Dattner ihre Marktlücke in Frankfurt: chinesische Gastronomen und Geschäftsleute. Sie suchten Immobilien, hatten aber keine Chinesisch sprechenden Ansprechpartner aufseiten der Makler. »Es war der Beginn der Finanzkrise, eigentlich die schlechteste Zeit überhaupt, um in das Immobiliengeschäft einzusteigen. Doch meinen Markt hat das überhaupt nicht berührt«, erzählt die zierliche 48-Jährige mit Genugtuung. In Frankfurt sind rund 16 000 Chinesen mit Erstwohnsitz gemeldet, und weit mehr betreiben regelmäßig Geschäfte im Rhein-Main-Gebiet.

Was mit lokal Ansässigen begann, wurde für die Chinesin Lin Dattner und ihre Agentur Anjia Immobilien & Consulting bald zum boomenden Geschäft in China selbst. Mittlerweile kümmern sich 14 Angestellte, die fast alle Chinesisch sprechen, um die Anfragen aus dem Reich der Mitte. Die gut situierten Käufer schätzen ihre absolute Diskretion in einer Zeit, in der die chinesische Regierung versucht, die Kapitalausfuhr stark zu beschränken (höchstens 50 000 Dollar im Jahr) und gleichzeitig die eigene Immobilienblase in den Griff zu bekommen.

In Peking betrug der Anstieg der Immobilienpreise im vergangenen Jahr 25 Prozent, in Schanghai 45 Prozent und im südlichen Shenzen 55 Prozent. Im Jahr 2017 bezahlte man in Peking im Schnitt 13 600 Euro pro Quadratmeter Wohnfläche, das entspricht etwa 15 Monatsgehältern.[1] Dafür bekommt man jedoch kein wirkliches Eigentum, sondern 70 Jahre Wohnrecht – die chinesische Lösung für den Widerspruch zwischen Kommunismus und Kapitalismus, eine Art Erbpacht. Außerdem sind offiziell nur Bürger von Schanghai und Peking berechtigt, in ihrer Stadt Wohnungen zu erwerben. Sie müssen zwischen 35 und 60 Prozent Eigenkapital mitbringen und schaffen die Tilgung ihrer Schulden nur, wenn sie mindestens hundert Jahre alt werden. Aus dieser Perspektive wirkt der Frankfurter Immobilienmarkt wie das Paradies.

Möglicherweise kommt da also noch einiges auf uns zu. Eine eigene Immobilie gilt in China als Lebensgrundlage und Statussymbol zugleich, zum Beispiel wird eigentlich erst geheiratet, wenn der Mann ein eigenes Zuhause bieten kann. Außerdem sind die Mietgesetze extrem abschreckend. Ein Vermieter kann seine Wohnung jederzeit verkaufen, die Miete erhöhen oder den Mietvertrag ändern. Wer es sich irgendwie leisten kann, will also kaufen. Gleichzeitig wächst eine zunehmend finanzkräftige Mittelschicht heran, die es nach der Bevölkerungszahl mit der kompletten Europäischen Union aufnehmen kann. Nach einer McKinsey-Studie sollen in den kommenden fünf Jahren 550 Millionen Menschen ein durchschnittliches Einkommen zwischen 9000 und 34 000 US-Dollar erreichen. Wer denkt, das sei nicht viel, der sollte wissen, dass die Credit Suisse bis 2020 auch mit 2,3 Millionen Dollar-Millionären rechnet. Jede Woche wird laut einer Analyse von UBS und Pricewaterhouse ein neuer Milliardär gekrönt. Damit hat China bereits weltweit die meisten, nämlich 568.

Gleichzeitig genießt Deutschland in China traditionell einen guten Ruf. Schon die ursprüngliche chinesische

Übersetzung für »Deutsch« – *deyizhi* mit »Tugend« *(de)* und »*yizhi*« (»Wille«) – deutet auf die Wertschätzung durch den chinesischen Kaiserhof hin. Wir gelten als tolerant, flexibel, pragmatisch und friedfertig – die Chinesen bei uns übrigens weniger.[2]

Maklerin Lin Dattners Umsatz hat sich in den vergangenen fünf Jahren verdoppelt, und im Moment ist sie im Europaviertel dick im Geschäft. Das 90 Hektar große Neubauviertel auf dem ehemaligen Gelände des Hauptgüterbahnhofs ist genau das Richtige für ihre Kunden. »Neu, zentral und in einer großen Stadt, das sind die Kriterien, nach denen chinesische Investoren entscheiden. Sie haben im Europaviertel schon längst gekauft, als die Deutschen noch zögerten.« Die gesichtslose Fließband-Architektur, die den Verkauf unter deutschen Kunden ins Stocken bringt, weil sie sie einfach zu hässlich finden, kurbelt ihn bei den Chinesen offenbar an. »Sie sind grundsätzlich begeistert von der deutschen Qualität, verglichen mit der, die sie von zu Hause kennen. Chinesen sind viel unkomplizierter, sowohl in der Bauphase als auch bei der Abnahme. Hauptsache, die Lage stimmt«, sagt Maklerin Lin Dattner – zum Beispiel nicht in unmittelbarer Umgebung von Friedhöfen, Bahnhöfen, Krankenhäusern sowie Problem- und Rotlichtbezirken. Da wabern negative Kräfte, die das Streben nach Harmonie und Einklang behindern. Und die vierte Etage sollte es auch nicht sein, alles mit der Ziffer Vier bedeutet Tod. Die Acht hingegen steht für Reichtum und ist entsprechend beliebt, mit einer Ausnahme: »Achtzehn ist die letzte Etage in der Hölle, die will niemand.«

Anjia Immobilien bietet Interessenten das Rundum-Paket, von der Finanzierung bis zur Feng-Shui-Beratung, und Eigennutzer lassen, wenn nötig, auch schon mal Grundrisse ändern. Ihre Lieblingsgröße sind 30 bis 50 Quadratmeter, und sie investieren meistens zwischen 500 000 und einer Million Euro. Noch. Denn die stark gestiegenen Preise in den bisherigen Favoriten-Ländern USA, Kanada und England locken zunehmend auch institutionelle Investoren und chinesische Staatsunternehmen in die Bundesrepublik. Außerdem gab es in den vergangenen Jahren mehrere Gesetzesänderungen, die es chinesischen Versicherungen und anderen Investorengruppen erlauben, auch im Ausland zu investieren.

»Ich habe bereits viele Anfragen für Investitionen in zweistelliger Millionenhöhe und verschicke dauernd Analysen und Informationsmaterial. Es ist nur eine Frage der Zeit, bis diese Entscheidungen fallen. China wächst, es muss sein Geld verteilen«, so Lin Dattner. Ein erstes Signal für die Zukunft könnte der chinesische Staatsfonds CIS gegeben haben, als er 2016 auf einen Schlag 16 000 Wohnungen in Rendsburg, Kiel, Köln und Berlin übernahm.

Der Immobilienspezialist Savills sieht den Trend zu ausländischen Investoren schon seit 20 Jahren, der letzte Höhepunkt war 2015. Eine Studie für dieses Jahr beziffert die großen Immobilien-Transaktionen in Deutschland inklusive Wohnungen, Bürotürmen und Einkaufszentren nach eigenen Recherchen auf ein Rekordhoch von 78 Milliarden Euro. Über die Hälfte stammte demnach von ausländischen Investoren. Die Unternehmensberater PricewaterhouseCoopers (PwC) benannten als europäische Lieblingsziele von Investoren für 2018 vier deutsche Städte unter den Top Ten: Hamburg (Platz 6), München (Platz 4), Frankfurt (Platz 2) und Berlin (Platz 1). Der

Verband deutscher Pfandbriefbanken hat für das Jahr 2017 sämtliche Immobiliendeals jenseits von 10 Millionen Euro analysiert. Das allein waren 59,4 Milliarden, die Hälfte des Geldes floss aus dem Ausland.[3]

Und alle geben zu bedenken, dass selbst Insider oft nur ahnen können, wer wirklich hinter den großen Transaktionen steckt. Besonders ausländische Staatsfonds agieren häufig unter deutscher Flagge, indem sie eine entsprechende Verwaltungsgesellschaft gründen. Hinter zypriotischen Limiteds verbergen sich gern Israelis oder Russen, vermeintlich englische Investoren sind in Wahrheit Araber und Chinesen, und selbst die kleine Schweiz tätigt immerhin sieben Prozent aller Investitionen in deutsche Immobilien, weitgehend unbemerkt unter dem Deckmantel von gänzlich neutral klingenden Firmennamen wie zum Beispiel Asset Manager Corpus Sirero – alias Swiss Life. Bei Aktiengesellschaften lässt sich naturgemäß überhaupt nicht mehr nachvollziehen, wer die Anteile hält. So ist zum Beispiel die »Deutsche Wohnen« alles andere als das: Die drei größten Aktionäre sind die kanadische Versicherungsgruppe Sun Life, die amerikanische Fondsgesellschaft Black Rock und – die norwegische Zentralbank.

Matthias Pink, Head of Research beim Immobilien-Berater Savills, schreibt mir dazu: »Ohnehin ist es schwierig, klare Aussagen über die Herkunft des Geldes zu treffen, weil gerade ausländische Käufer oft über international tätige Sammelstellen agieren (zum Beispiel ein nach luxemburgischem Recht aufgelegter Fonds, der von einer Kapitalgesellschaft in der Schweiz verwaltet wird); statistisch erfasst werden in solchen Fällen zumeist nur die Kapitalsammelstellen, nicht aber, woher das investierte Geld stammt.«

Noch im Jahr 2009 sah das laut Savills ganz anders aus, da waren die Deutschen mit 82 Prozent der Transaktionen quasi unter sich. Wenn sich aber die Nachfrage erhöht, treibt das nach der Logik des Marktes nicht zwangsweise die Preise in die Höhe? Und auf wessen Kosten? Professor Harald Simons vom Immobilienforschungs- und Beratungsinstitut Empirica in Berlin sagt: »Wir wissen, dass zum Beispiel die Zahl der Immobilientransaktionen in Berlin konstant bei etwa 20 000 im Jahr liegt. Im Umkehrschluss muss das bedeuten, dass einheimische Käufer von ausländischen Investoren verdrängt werden.«

Mark Münzing gehört zum Management eines großen deutschen Immobilienfonds, der »Zentral Boden Immobilien AG Erlangen« mit einem Transaktionsvolumen von 4,7 Milliarden Euro. Er spürt die Konkurrenz und findet vor allem Staatsfonds problematisch, die nicht unbedingt Gewinne erwirtschaften müssen: »Norwegische Staatsfonds, zum Beispiel, brauchen nur ein Prozent Rendite, das treibt den Preis, und da kann ich dann nicht mehr mithalten.«

»Selbstverständlich bewegen ausländische Investoren den Markt«, sagt Carsten Heinrich. Der 54-Jährige lebt in Berlin − kleiner Schnauzer, zurückgegelte Haare. Seit sechs Jahren vermarktet er vor allem an arabische und chinesische Privatpersonen im Bereich von 250 000 bis 750 000 Euro. »Sie sind eine zusätzliche Käuferschicht, ich würde schätzen etwa 10 Prozent meines Marktes. Offizielle Zahlen finden Sie natürlich nirgends.«

Mit der neuen Kundschaft kamen neue Sitten. »Die sind total Service-verwöhnt. Wenn die in Düsseldorf landen, dann rufen sie hier an und fragen: Wie komme ich nach Berlin? Da denke ich mir eigentlich, was kümmert mich fremdes Elend, aber das ist eine andere Mentalität. Wenn die in Schanghai oder Dubai kaufen, wird ihnen auch der rote Teppich ausgerollt.«

Deshalb bietet auch Heinrich das komplette Paket an: Abholung, Hotel, Besichtigung, Anwalt, Bank. Bank? Leiht eine deutsche Bank einem chinesischen Käufer Geld? Mit welchen Einkommensnachweisen? »Nein, die müssen nicht finanzieren. Aber das Geld kommt gestückelt, wegen der Kapitalausfuhrbeschränkungen von 50 000 Dollar pro Person und Jahr. Da überweisen dann Vater, Mutter, Oma, Opa und Kind, und das schreit natürlich nach Geldwäsche. Wir müssen dafür sorgen, dass sie keinen Ärger bekommen.«

Heinrich wartet nicht auf Kunden, er akquiriert aktiv vor Ort in China. Jeder in der Branche weiß, dass dort der Appetit auf internationale Immobilien stetig wächst. Auf speziellen Immobilienmessen tummeln sich gut und gern 150 Aussteller, die auch etwas von dem neuen chinesischen Reichtum abhaben wollen – aus Australien, England, Schweiz, USA, Kanada, aber auch Portugal und Griechenland.

Warum sollte ein Chinese aber ausgerechnet in diesen krisengebeutelten europäischen Leichtgewichten eine Wohnung kaufen? Wegen der sogenannten »goldenen Visa«. Portugal offeriert sie seit 2013. Wer dort mindestens eine halbe Million Euro in Immobilien steckt, bekommt eine fünfjährige Aufenthaltsgenehmigung mit uneingeschränktem Zugang zu allen Schengen-Ländern und anschließender Option auf die Staatsbürgerschaft. Prompt stiegen im ersten Jahr die Preise für Luxuswohnungen in Lissabon um 53 Prozent, nach eineinhalb Jahren waren rund eine Milliarde Euro nach Portugal geflossen, überwiegend aus chinesischer Hand. Griechenland bietet das gleiche Arrangement bereits für 250 000 Euro.

»Eine EU-Aufenthaltsgenehmigung ist wie eine Versicherung für sich und ihre Kinder«, erklärt Makler Carsten Heinrich. »Ich werde oft gefragt, ob es das bei uns auch gibt. Überhaupt sind die Kinder häufig Motivation für einen Immobilienkauf. In Berlin ist das Studieren kostenlos, mehr und mehr Studiengänge werden auf Englisch angeboten, und Deutschland genießt einen extrem guten Ruf in China. Wer sich die amerikanischen oder englischen Studiengebühren nicht leisten kann, denkt darüber nach, seine Kinder nach Deutschland zu schicken.«

Müssen wir uns also an die ausländischen Mitspieler auf dem Markt gewöhnen? Ist es vorbei mit unserem gemütlichen Mietwohnungsdasein, weit genug ab vom Schuss, um nicht vom globalen Wirbelsturm der Kapitalströme erfasst zu werden?

»Drei Prozent ist die kritische Größe. Wenn die Zinsen wieder auf drei Prozent steigen, dann sind viele institutionelle Investoren weg. Die haben Druck, die müssen ja Portfolios verwalten. Aber die Privaten, die werden bleiben«, sagt Makler Heinrich.

Bauen für die neuen Kunden

Im Frankfurter Europaviertel, dem Projekt der Superlative, entstehen Büros, Hotels, Wohnungen, eine Schule, Parks, Einkaufs- und Freizeitmöglichkeiten. Insgesamt sollen hier nach Fertigstellung rund 40 000 Menschen arbeiten und wohnen. Vom Charme eines gewachsenen Viertels besitzt es keine Spur, und entsprechend vernichtend fiel das Urteil der Feuilletonisten aus. Der Kollege von der *Süddeutschen Zeitung* wollte aus dem »Reißbrett- stadtteil« nach einer Stunde die Flucht ergreifen und be- zeichnete die Hauptachse Europaallee als »furchterre- gende, kilometerlange Straßenschneise«.[4] Der Volksmund nennt sie »Stalinallee«. Bei der *Frankfurter Allgemeinen Zei- tung* fragte man: »Warum können wir keine lebenswerten Städte mehr bauen?«, und klagte über die Gleichförmig- keit der den Betrachter »anstarrenden Lochfassaden«. Den Architekten Christoph Mäckler fröstelte es gar »angesichts der abstoßenden Kälte und Langeweile, die uns in den un- gefassten Stadträumen entgegenschlägt«.[5] All das klingt nach – genau, China.

Die intellektuellen Kulturpessimisten haben es einfach noch nicht begriffen: In Frankfurt baut man die Wohn- türme längst für Zielgruppen, die gar nicht ortsansässig sind. Vorbei die Zeit der Standardwohnungen für Otto- Normalverbraucher, die sich nur durch die Anzahl der Schlafzimmer unterscheiden und bei denen der Käufer bestenfalls noch die Farbe der Fliesen auswählen darf. Pro- jektentwickler wie zum Beispiel die gsp Städtebau haben eine neue Käufergruppe für sich entdeckt. Es sind wohl- habende und sehr wohlhabende Menschen jeder Natio- nalität mit hohen Ansprüchen; Menschen, die sich tatsäch- lich überall dort, wo sie geschäftlich unterwegs sind, ihre eigenen vier Wände kaufen – oder acht oder zwölf oder vielleicht auch ein Penthouse.

»Sie halten mich jetzt vielleicht für verrückt, aber ich glaube, es fing an mit den Durchsagen in den Bussen und Bahnen«, sagt Wilhelm Brandt, Sprecher der gsp. »Als die auf einmal auch auf Englisch gemacht wurden, fing man an, bei uns global zu denken.« Wenn die gsp Städtebau in die Planung geht mit Projekten namens Tower 90, High Park, The Charleston oder The Treptowers, dann hat sie nicht den deutschen Michel vor Augen, der sich mit Hausmeisterin Kasupke über den Kehrdienst im Treppenhaus oder die Mülltrennung streitet. Die neuen, glitzernden Hochhäuser werden gezielt für die Bedürfnisse von Menschen gebaut, die sich mit Fragen des Haushalts nie befassen, aber zwingend einen Doorman zur Annahme der Päckchen und einen hauseigenen Fitnessraum benötigen. Die Müll nicht anfassen wollen und für die meisten Banalitäten des Lebens eine bezahlte Kraft beschäftigen. Es ist offenbar eine Marktlücke in Deutschland: Die Luxuswohnungen gehen vor allem bei ausländischen Investoren weg wie warme Semmeln. »Man wird sich daran gewöhnen müssen, dass nicht alles für jeden ist. Und ja, natürlich können sich die meisten Menschen in Deutschland diese Preise nicht leisten«, bestätigt Brandt.

Ein gutes Beispiel für Bauen vorbei am Bürger, aber exakt nach den Bedürfnissen von Investoren, ist auch der Fritz Tower in Berlin. Für »Temporäres Wohnen im Hochpreissegment« werden dort 242 Wohnwaben zwischen 22 und 30 Quadratmetern errichtet. Der Bauherr vermutet da draußen ein großes Heer gut verdienender Nomaden, die zwei Tage in der Woche in Singapur, einen Tag in London und eben zwei Tage in Berlin arbeiten und sich statt im Viersternehotel lieber in diese standardisiert möblierten Zimmer einmieten. Ob es solche Arbeitsnomaden tatsächlich gibt, ist Nebensache. Die Investoren müssen es nur glauben, und deshalb sehen Prospekt und Musterwohnungen genau so aus, wie man es aus London, Singapur oder New York kennt: schicke Lobby mit Rezeption, Fitnessraum und eine überaus praktische und unempfindliche Einrichtung in Petrol und Grau. Wichtig sind die deutschen Markennamen im Bad und der Duschkopf »Rainforest«.

Bei den Besichtigungen geben sich ausländische Investoren die Klinke in die Hand, der Russe in »Typ A« kauft gerade seine dritte Wohnung. »Das Mikrowohnen ist für den nationalen Käufer noch sehr ungewohnt«, erzählt Projektmanagerin Daniela Hargarten. 40 Prozent des 18-stöckigen Wohnturms sind bereits drei Jahre vor Fertigstellung verkauft, fast ausschließlich an internationale Interessenten.

Sie scheinen in Berlin etwas ganz anderes zu sehen als die Deutschen und wollen offenbar nicht den Zug verpassen. Vielleicht heißen ihre Wohntürme bei uns auch bald »Armani Residences« (Dubai) oder »Porsche Design Tower« (Miami). Die locken allen Ernstes mit verglastem Parkplatz und zugehörigem Lastenaufzug für die Luxuskutsche auf derselben Etage wie die Wohnung. Der internationale Makler Thomas Zabel prognostiziert jedenfalls in deutschen Großstädten zunehmend kleinere Wohnungen und macht deutlich, wohin die Entwicklung geht: »Der Berliner oder Frankfurter Normalverdiener findet in Zukunft keine Bleibe mehr im Zentrum.« Eine Studie von Ernst & Young bestätigt das, in Ballungszentren entsteht kein neuer Wohnraum mehr für Normalverdiener und Familien. Die Baubranche setzt lieber auf das gehobene Preissegment.[6]

Und was passiert mit den bereits existierenden Mietwohnungen? Die börsennotierte »Deutsche Wohnen« besitzt davon allein im Großraum Berlin 114 000 und steht unter »Verwertungsdruck«. So nennt das Stefan Kofner, Professor für Wohnungs- und Immobilienwirtschaft an der Hochschule Zittau/Görlitz. Er meint damit, dass sich die hohen Kauf- und Börsenpreise langfristig nur mit höheren Mieten rechnen. Der Finanzchef des Konzerns, Philip Grosse, nannte sogar konkrete Zahlen. Er hofft auf einen Anstieg seiner Mieten um knapp 18 Prozent. Da ist es nur logisch, dass seine Juristen versuchen müssen, den Berliner Mietspiegel zu kippen. Sie zogen vor das Verfassungsgericht des Landes, weil sie die Berechnung anzweifeln. Zur Erinnerung: Die größten Aktionäre der Deutsche Wohnen sitzen im Ausland.

GELDWÄSCHE IM GROSSEN STIL? RUSSISCHE WASCHSALONS, PIZZA UND DIE TEUERSTEN KRAWATTEN DER WELT

Das Bundesbauministerium schreibt auf seiner Webseite: »Der Immobilienbereich zählt zu den größten Wirtschaftszweigen in Deutschland. Der Wert aller Immobilien (Gebäude inklusive Grundstücke) betrug Ende 2015 knapp 11,8 Billionen Euro und machte damit etwa 87 Prozent des gesamten volkswirtschaftlichen Sachvermögens aus. Gut 58 Prozent davon entfallen auf Wohnimmobilien.« – 87 Prozent des gesamten volkswirtschaftlichen Sachvermögens, über dessen Eigentümer wir leider nur sehr ungenaue Vorstellungen haben.

Das Netzwerk Steuergerechtigkeit verortet Deutschland weltweit auf Platz 7 der schlimmsten Schattenfinanzplätze; nicht zuletzt deshalb, weil man hier sein Geld – auch Bares – problemlos in Immobilien verstecken kann. In einer Antwort der Bundesregierung auf eine Kleine Anfrage der Grünen vom Juni 2018 heißt es: »Beim Immobiliensektor handelt es sich aufgrund der dort vorhandenen hohen Transaktionsvolumina um einen Sektor mit herausgehobenem Risiko.« Und laut einer »Dunkelfeldstudie« für das Bundesfinanzministerium werden bei uns jedes Jahr bis zu 100 Milliarden Euro gewaschen, das liegt nur knapp unter dem Jahresgewinn aller 30 deutschen Dax-Unternehmen zusammengenommen! Das Geld stammt aus Prostitution, Rauschgifthandel, Waffenhandel, Kreditbetrug, Computerkriminalität, Schleuserei von Flüchtlingen, dem Verkauf gefälschter Medikamente und vor allem aus Steuerbetrug im Ausland. 20 Milliarden Euro von diesem Schwarzgeld sollen in deutsche Immobilien fließen.[1]

Diesen sagenhaften Summen steht eine lächerliche Handvoll von Geldwäsche-Fahndern gegenüber. Der ehemalige Bundesfinanzminister Wolfgang Schäuble richtete in seinem letzten Dienstjahr mit großem Trara eine neue Behörde namens Financial Intelligence Unit ein – die englische Bezeichnung ist ein Hinweis auf die immer auch internationalen Zusammenhänge in diesem Bereich. Diese FIU soll ab 2018 ganze 165 Ermittler, Finanzanalysten, Wirtschaftswissenschaftler und andere Mitarbeiter beschäftigen und Daten mit europäischen Partnerländern austauschen. Ein vielversprechender Verdacht wird dann an die zuständigen Landeskriminalämter und Staatsanwälte weitergeleitet. »Wir bringen mehr Licht ins Dunkel illegaler Geldströme«, sagte Schäuble bei der Vorstellung seiner neuen Truppe und posierte dabei mit einem Elfenbeinzahn.

Die Zuständigkeit für die FIU und damit für das Thema Geldwäsche wanderte damals vom Bundeskriminalamt zum Zoll. Ob dessen Beamte den internationalen Einser-Juristen auf der gegnerischen Seite jemals gewachsen sein werden, darf man bezweifeln. Schon die Suche nach qualifiziertem Personal stellt eine Herausforderung dar, bislang konnten nur 100 der 165 ausgeschriebenen Stellen für Informatiker, Wirtschaftsprüfer und Banker besetzt werden (Stand: Mai 2018). »Noch besser, noch effizienter, noch schlagfertiger« – ob Schäuble wohl ahnte, dass das ein Lippenbekenntnis bleiben würde? Eilig hatte er es jedenfalls mit der Umsetzung von Geldwäschevorschriften nie. Im Jahr 2014 drohte die EU, Deutschland wegen unzureichender Vorkehrungen gegen Terrorismusfinanzierung als Hochrisikoland einzustufen. Auch das Transparenzregister, das seit 2017 die wahren wirtschaftlich Berechtigten deutscher Firmen ausweist, kam erst nach Androhung von Sanktionen aus Brüssel. Und seit Jahren moniert das Ausland die mangelnde Umsetzung eines zentralen Grundbuchregisters.

Warum herrscht vonseiten der Politik so wenig Interesse an Aufklärung? Wie können kriminelle Machenschaften von solch gigantischem Ausmaß auf solche Gleichgültigkeit stoßen? Für den grünen EU-Abgeordneten Sven Giegold, der bereits viel Zeit in Sonderausschüssen zum Thema Luxemburg-Leaks und Panama Papers verbracht hat, liegt der Grund auf der Hand: »Es gibt scheinbar keine Geschädigten. Der Verkäufer einer Immobilie zum Beispiel freut sich über das Geschäft, der Makler sowieso und der Notar auch. Und die deutschen Behörden und Kommunen interessiert nur, ob sie ihre Grundsteuern bekommen. Wer sollte sich also beschweren, wenn jemand mit einem Koffer Schwarzgeld auftaucht?«

Undercover

Im Frühjahr 2012 trifft ein gewisser Herr Baumann in Süddeutschland einen Kundenberater der Deutschen Bank. Er sei Unternehmer mit Wohnsitz in der Schweiz und wolle ein Konto eröffnen, da er beruflich viel in Deutschland zu tun habe. Er bitte um Diskretion, das Schweizer Finanzamt solle davon nichts erfahren. Über dieses Konto wolle er auch 100 000 unversteuerte Franken von den Bermudas nach Europa schaffen. Die Reaktion des Beraters: »Kein Problem, wir nehmen Ihr Geld gerne an. Es interessiert uns nicht, ob Sie Ihre Erträge versteuern oder nicht. Auch das Schweizer Finanzamt wird nichts erfahren.«[2]

Tatsächlich war Herr Baumann ein Journalist, der im Auftrag der Schweizer *Handelszeitung* recherchieren sollte, wie es denn um die Steuermoral der deutschen Banken steht. Neben der Deutschen Bank besuchte er auch die Commerzbank, die Hypovereinsbank, die Volksbank und die Sparkasse. Insgesamt acht Banken zeigten sich dem Schwarzgeld gegenüber völlig bedenkenlos, selbst die BW Bank, eine Tochter der staatlichen Landesbank Baden-Württemberg, äußerte keine Vorbehalte.[3]

Dürfen deutsche Banken Schwarzgeldkonten eröffnen? Na ja, theoretisch sollten sie scharf nachfragen und Verdachtsmomente melden. Entsprechend behaupten alle von der *Handelszeitung* bloßgestellten Banken, sich an die Vorschriften zu halten. Doch wenn eine Steuerhinterziehung nur ausländische Steuern betrifft, leistet ein Banker durch die Annahme dieses Geldes juristisch keine Beihilfe zur Steuerhinterziehung. In Deutschland wurde ja keine Steuer hinterzogen. Und Geldwäschegesetze greifen erst, wenn das Geld mit Straftaten in Verbindung gebracht werden kann. Und wer kann das schon nachweisen?

Finanzdienstleister und Banken, aber auch Juweliere, Spielbanken, Immobilienmakler, Notare, Autohändler, Auktionshäuser, Jacht-Verkäufer und andere Händler von hochpreisigen Waren sind gesetzlich verpflichtet, verdächtige Transaktionen zu melden. Unter 10 000 Euro tut das niemand. Ab 10 000 Euro Bargeld müssen sie sich einen Nachweis des Käufers über dessen Identität und eine plausible Erklärung für das Bargeld geben lassen. Es gilt der »subjektive Verdacht«, den man schöpfen müsste in Anbetracht der branchenüblichen Umstände.

Wenn Jurij seinen Porsche also immer schon bar bezahlt hat, ist das verdächtig oder branchenüblich? Und wenn bei einem Notar der gesetzliche Vertreter einer Limited auf den Bahamas zur Unterzeichnung eines Immobilienkaufvertrags mit nicht nachprüfbaren Beglaubigungen und Fantasiesiegeln aus dem Ausland antritt – warum und womit sollte dieser Notar einen Verdacht melden? Der Vorgang ist völlig legal. Nicht jede Schachtelkonstruktion oder Briefkastenfirma vertuscht Illegales. Wahr ist aber auch: Hinter jeder Limited könnte sich Geldwäsche oder Steuerhinterziehung verstecken, und es wäre bei der derzeitigen Gesetzeslage nahezu unmöglich, dies herauszufinden.

Immerhin vermerkte der Jahresbericht 2016 der Financial Intelligence Unit einen 40-prozentigen Anstieg der Verdachtsmeldungen, wovon 99 Prozent aus dem Finanzsektor kamen. Das heißt, wer mit zu viel Bargeld bei einer Bank aufkreuzt, wird mittlerweile wahrscheinlich gemeldet. Auch größere Transaktionen aus dem Ausland erwecken Aufmerksamkeit. Das juristische Endergebnis der 40 000 Verdachtsmeldungen ist allerdings ernüchternd: magere 447 Urteile, Strafbefehle und Anklageschriften – insgesamt 95 Prozent der Fälle wurden eingestellt.

Der Immobilienbranche will erst gar nichts aufgefallen sein: Genau zwei Notare, ein Treuhänder und 28 Immobilienmakler haben sich 2016 bei der FIU gemeldet. Bedeutet das, zum Kauf von Immobilien wird kein Schwarzgeld verwendet? In dem Bericht heißt es dazu: »Der Nicht-Finanzsektor (dazu gehört die Immobilienbranche) hat nach wie vor erheblichen Nachholbedarf in Bezug auf das Meldeverhalten.«[4]

Sergej, ein russischer Journalist und angeblich unterwegs im Auftrag eines Oligarchen, sucht in Baden-Baden über verschiedene Makler eine Villa. Die Stadt am Oberrhein ist seit Jahrhunderten Sehnsuchtsort der reichen Moskowiter und Petersburger, zur Zarenzeit war sie sogar Sommerresidenz. Hochadel, Diplomaten und Literaten erlagen damals ihrem Charme und im Casino nicht wenige der Spielsucht. Leo Tolstoi notierte in sein Tagebuch: »Von lauter Lumpen umgeben. Und der größte Lump bin ich.« Iwan Turgenjew war seiner großen Liebe, der Sängerin Pauline Viardot, hierher gefolgt und schrieb während seines Aufenthalts von 1863 bis 1872 den Bestseller *Rauch*, in dem er die feine russische Gesellschaft Baden-Badens aufs Korn nahm. Dostojewskis Frau Anna vermerkte: »Alle reichen Russen scheinen hier ein Haus zu besitzen.« Diese glanzvolle Vergangenheit sieht man dem Stadtbild heute wieder an, besonders seit in den Neunzigerjahren die immensen sowjetischen Staatsvermögen neu verteilt wurden.

Sergej also gibt vor, eine Villa kaufen zu wollen. Bis zu zwei Millionen Euro dürfe sie kosten, allerdings zahle man nur in bar. Er wird vor versteckter Kamera[5] mit offenen Armen empfangen und bekommt von einem rundlichen Herrn mit gestreifter Krawatte folgende Anleitung: »Der Notar eröffnet ein Notaranderkonto – auf das müssen Sie einzahlen. Wie Sie das machen, ist Ihre Sache. Aber das sollte bei den Banken hier kein Problem sein. Bargeld sehen die hier alle gern.« Ein anderer Makler schlägt Sergej obendrein vor, zwei Verträge zu schließen: »Einen offiziellen über die Immobilie. Und einen zweiten, privaten Vertrag, über die Inneneinrichtung. Da sind wir in der Höhe variabel.« Die Grunderwerbssteuer entfällt natürlich nur auf die Immobilie.

Noch bunter treibt es die Immobilientochter der Sparkasse Baden-Baden Gaggenau. Deren Geschäftsführer schlägt vor, die zwei Millionen Bargeld doch mit einem Privatjet aus Russland einzufliegen: »Da wird nicht ganz so ernsthaft kontrolliert. Wir hatten diese Woche allein vier Russen, die mit Privatflugzeugen rein sind – und heute ist erst Dienstag.« Aus Angst vor Entdeckung durch deutsche Behörden wären solche Verrenkungen übrigens gar nicht nötig. Russland zähle zu den »weißen Staaten«, Banküberweisungen aus diesen Ländern würden nicht hinterfragt.[6]

Beobachter des Kaufrauschs in Baden-Baden schätzen, dass Immobilien im Wert von über 100 Millionen Euro an Russen und andere ehemalige Sowjetbürger gingen. Nur selten werden die Eigentümer publik, so zum Beispiel Boris Jelzins Tochter Tatjana und Eduard Schewardnadses Schwester, aber auch der korrupte Ex-Polizeichef von Baku, der Hauptstadt Aserbaidschans, sowie Oleksandr

Shynalsky, ehemaliger stellvertretender Generalstaatsanwalt von Kiew. Als die ukrainische Presse seinen Immobilienkauf in Baden-Baden enthüllte, wurde er gefeuert.[7]

Ein Prozess vor dem Landgericht Stuttgart gewährte 2009 seltenen Einblick darüber, wie die russische Mafia ihr Vermögen in deutsche Immobilien schleust. Alexander A., ein ehemaliger Gewichtheber aus Moskau, ist Mittelsmann und Verwalter des bekannten Syndikats »Ismailowskaja«, das rund 800 Millionen Dollar unter anderem mit Schutzgelderpressung und Auftragsmorden angehäuft haben soll. Ein Teil davon fließt auf die British Virgin Islands und von dort über undurchsichtige Firmengeflechte wieder auf das Konto von A. Als führendes Mitglied der Organisation entnimmt er monatlich bis zu 800 000 Dollar, um damit seine Leute zu bezahlen – zum Beispiel 1000 Dollar für sogenannte Soldaten und bis zu 30 000 Dollar für Offiziere. Etwa 250 Menschen stehen in seinem Dienst.[8] Dieser A. überweist aus Moskau acht Millionen Euro auf verschiedene deutsche Konten eines russischen Geschäftsmannes in einer schwäbischen Kleinstadt. Der kauft damit Grundstücke und Immobilien im Raum Stuttgart und Ulm. Nur weil sie sich dabei besonders dämlich anstellen und daraufhin von der Polizei abgehört werden, kommt es zum Prozess wegen Geldwäsche. Die Sache hängt hoch, denn einer der Kunden von A. und seiner Mafia-Organisation war laut Stuttgarter Staatsanwaltschaft Oleg Deripaska, einer der reichsten Männer Russlands, verheiratet mit einer Frau aus dem Jelzin-Clan und Ski-Kamerad von Vladimir Putin.

Deripaska sammelt selbst weltweit Immobilien und ist sogar Teil der beliebten Kleptotour in London, genauer gesagt, sein Anwesen. Die »Campaign for Legislation Against Moneylaundering in Property by Kleptocrats« (ClampK) veranstaltet dort Stadtrundfahrten zu Immobilien, die vermutlich mit schmutzigem Geld gekauft wurden. Eine davon ist Deripaskas Stadtvilla am Belgrave Square im Zentrum, deren geschätzter Wert von 50 Millionen Euro ihn aber nicht dazu bringt, hier je zu wohnen. Acht Prozent aller Londoner Häuser im Wert von über einer Million Pfund sollen bereits Russen gehören. Mark Hollingsworth, Autor von *Londongrad: From Russia With Cash*, wertete jahrelang Tausende von Grundbucheinträgen in den einschlägigen Vierteln aus und kam zu dem Schluss: »Reiche Russen lieben die Gegend rund um Harrods, sie lieben Eaton Square und Belgrave Square. Aber natürlich leben sie nicht hier. Es geht nur darum, ihr Geld zu parken.«[9]

Die Stuttgarter verhandelten mehr als zwei Jahre lang über Oleg Deripaskas Geschäftsfreunde und ihre deutschen Immobiliengeschäfte. An jedem Prozesstag waren Dutzende von Polizisten im Einsatz, und Sprengstoffspürhunde sollten Anschläge verhindern. 580 Beweis- und 20 Befangenheitsanträge führen die Verteidiger auf. Am Schluss ist es eines der teuersten Verfahren in der Stuttgarter Justizgeschichte – und für die Mafiosi wahrscheinlich nur Ausgaben der Portokasse. Es grenzt an ein Wunder, dass es überhaupt zu Verurteilungen kam. Die Richterin verzichtete auf einen konkreten Nachweis, dass die acht Millionen Euro aus Straftaten stammten, ein Antrag auf Amtshilfe wurde erst gar nicht gestellt, man traute den Moskauer Kollegen nicht. Der Vorsitzenden genügte die Mafiamitgliedschaft des Angeklagten als Beweis, dass es sich bei den Investitionen per se um gewerbsmäßige

Geldwäsche handelte. Die Immobilien wurden beschlagnahmt – das passiert in Deutschland praktisch nie.

Mehr als nur Anekdoten, sagt die Wissenschaft

Professor Friedrich Schneider von der Johannes-Kepler-Universität in Linz gilt seit Jahrzehnten als einer der versiertesten Kenner der Schattenwirtschaft und Organisierten Kriminalität. Bargeldkoffer, so sagt er, findet man heutzutage eher in Fernsehkrimis als an deutschen Grenzen. Geldwäscher seien knallharte Geschäftsleute, die möglichst große Summen möglichst risikolos und ohne neugierige Kontrollen investieren wollen. Daher seien über 90 Prozent des kriminellen Geldes in Deutschland mindestens »vorgewaschen« und längst sogenanntes Buchgeld (im Gegensatz zum Bargeld). Es fließt über vermeintlich legale Bankkonten.

»Es ist kriminelles Geld aus dem Ausland, das zum Teil durch Tricks ›legal‹ nach Deutschland geschleust wurde, um diese Käufe zu tätigen (55 Prozent); es ist gewaschenes, also jetzt ›legales‹ Geld, das überall veranlagt werden kann (38 Prozent); und ein kleiner Teil (7 Prozent) stammt direkt aus kriminellen Geschäften in Deutschland«, sagt Ökonom Schneider. Exklusiv für uns berechnete er für den Zeitraum 2015 bis 2017 den Anteil des kriminellen Geldes bei Immobilienkäufen von ausländischen institutionellen Investoren (rund 50 Prozent, basierend auf den Berechnungen von JLL): zwischen 6,2 und 11,5 Milliarden Euro pro Jahr. Und Jones Lang LaSalle erfasst mit seinen Großtransaktionen überhaupt nur rund ein Viertel des gesamten Immobilienmarkts in Deutschland.

Der betrug im Dreijahreszeitraum 2014 bis 2016 laut den Immobilienmarktberichten der Gutachterausschüsse 692 Milliarden Euro, wovon 457 Milliarden auf Wohnimmobilien entfielen. Rund die Hälfte davon waren Eigenheime, die andere Hälfte Mehrfamilienhäuser und Eigentumswohnungen. Nicht erfasst wurde die Herkunft der Käufer.

Mal angenommen, auch hier kämen 50 Prozent des Geldes aus dem Ausland, und die Eigenheime ließe man vorsichtshalber aus der Rechnung heraus: Nach den Schätzungen mithilfe der »Methode für nicht direkt beobachtbare Variablen« von Ökonom Professor Friedrich Schneider könnten in dieser Zeit jährlich zwischen 15 und 22 Milliarden Euro kriminelles Geld in deutsche Wohnimmobilien geflossen sein. Warum? »Kriminelle verhalten sich genau wie andere Marktteilnehmer auch. Sie gehen dorthin, wo eine Anlage Rendite und Sicherheit verspricht«, sagt er.

Professor Kai Bussmann von der Universität Halle kann das bestätigen. Er ist Verfasser der »Dunkelfeldstudie über den Umfang der Geldwäsche in Deutschland und über die Geldwäscherisiken in einzelnen Wirtschaftssektoren« und führte dazu im Auftrag des Bundesfinanzministeriums über tausend Interviews. Sein Befund:

»Die hohen Transaktionsvolumen, die bei Immobilienkäufen erreicht werden, machen diesen Wirtschaftssektor äußerst attraktiv zur Geldwäsche. Darüber hinaus ist eine abschätzbare Wertstabilität in bestimmten Regionen und bei bestimmten Objekten gegeben, die die Attraktivität für das Anlegen von inkriminierten und teils auch vorgewaschenen Geldern ausmachen. (…) Zur High-Risk-Gruppe gehören rechtsberatende und vermögensverwaltende Berufsgruppen, die über Treuhand- und Anderkonten hohe Bargeldbeträge annehmen können oder im Rahmen ihrer Vermögensverwaltung detaillierte Einblicke in die Strukturen und Finanzen von Unternehmen sowie über die Herkunft der Einnahmen und der wirtschaftlich Berechtigten, insbesondere beim Erwerb von Immobilien erhalten. (…) Die Studie zeigt jedoch, dass bei beiden Gruppen sowohl die Awareness als auch ihre Präventionsleistung zu gering ist.«

Ein Viertel der Architektenbüros und Bauträger hatte schon einmal Zweifel an der ausgewiesenen Identität eines Kunden. Jeder zehnte Befragte vermutete, dass ein Geschäftsabschluss nicht mit den wirtschaftlichen Verhältnissen des Kunden im Einklang stand und es sich also um einen »Strohmann« gehandelt haben könnte. Zehn Prozent der Immobilienmakler berichteten über Kaufpreise, die bar entrichtet werden sollten, und jeder fünfte über einen ungewöhnlich kurzfristigen Eigentümerwechsel.

Aber: »Aufgrund der wirtschaftlichen Interessen und auch der fehlenden expliziten Verpflichtetenstellung kommt es gleichwohl in der Regel zu keiner Verdachtsmeldung.« Die Sache wird also nie aktenkundig.[10]

Hütchenspiel am Königlichen Sandstrand

Christoph Trautvetter vom Netzwerk Steuergerechtigkeit startete im Jahr 2016 einen Versuch. Als dem Verein »Berliner Büchertisch« im Juli seine Räumlichkeiten am Kreuzberger Mehringdamm gekündigt wurden, wollte er herausfinden, wer eigentlich der Vermieter war. Im Grundbuch fand er eine Firma namens Taliesin Property

70

Fund mit Sitz auf Jersey. Jersey ist die größte und mit gut 100 000 Einwohnern bevölkerungsreichste Insel im Ärmelkanal, rund 150 Kilometer vor Großbritannien und etwa 25 Kilometer westlich von der französischen Küste entfernt. Es ist die sonnenreichste aller Britischen Inseln, ausgestattet mit herrlichen Sandstränden. Doch die sind nicht die Hauptattraktion.

Wie alle anderen Kanalinseln ist sie weder Teil des Vereinigten Königreichs noch eine Kronkolonie, sondern als Kronbesitz direkt der britischen Krone unterstellt. Sie gehört also der Queen. Und damit, das ist wichtig, nicht zur Europäischen Union.

Auf dieser Insel nun leben angeblich die Eigentümer eines Gebäudes in bester Lage im Bergmannkiez, 4150 Quadratmeter, wovon 500 ein gemeinnütziger Verein mietet, der jährlich Tausende Bücher sammelt und dann an Schulen, Kitas und Gefängnisse verschenkt. Entsprechend wenig Geld haben sie für die Miete. Aber Investoren interessiert das naturgemäß nicht, die Herren in Jersey wollen Gewinn machen, was leider ihr gutes Recht ist, und zwar durch Mietsteigerungen und stückweisen Verkauf ihrer Immobilien. Das sind allein in Berlin 52 Gebäude mit rund 1740 Wohn- und Gewerbeeinheiten.

Wie Christoph Trautvetter nach drei Monaten Recherche herausfand, steckten hinter Taliesin ursprünglich acht englische Geschäftsleute, darunter zwei Hedgefonds-Manager, ein internationaler Immobilienhändler, ein Buchhalter, ein Finanzanwalt und einer, der sich mit Berliner Immobilien auskannte. Sie brachten die Firma 2007 an die Londoner Börse, und 2012 kauften sie eine Luxemburger Firma namens Phoenix dazu.

Womit wir bei den Paradise Papers und den Daten der

Steuersparkanzlei Appleby wären, die im Herbst 2017 weltweit Furore machten. Damals wurde erstmals transparent, was man schon lange ahnte: Superreiche und große Firmen haben sich ein eigens auf sie zugeschnittenes Regelwerk geschaffen, um ganz legal in keinem Land der Welt mehr Steuern zu bezahlen.

Phoenix also, so scheint es, hat für Berlin den Phoenix Spree Property Fund aufgelegt – oder vielleicht auch nicht. Denn ob und wie die Namensvetter zusammengehören, bleibt im Dickicht von über 30 irgendwie miteinander verwobenen Firmen schwer zu durchschauen. Zu den Anlegern von Phoenix Spree gehört jedenfalls ein britischer Kinostar, ein Tennisprofi, ein Rennfahrer, ein lange in England aktiver holländischer Fußballer oder auch eine sehr bekannte Elite-Universität.[11] Sie alle wollen natürlich nicht demnächst in unsere Hauptstadt umziehen, sondern haben in Berlin so investiert, wie man auch auf Rohstoffe, Apple-Aktien oder BASF wettet. Mit dem Vorteil, dass Gewinne nahezu steuerfrei bleiben.

Phoenix Spree macht das so: Sie kaufen Bestandsimmobilien, »optimieren« sie (Immosprech für Sanierung, Mieterhöhungen und Umwandlung in Eigentumswohnungen) und verkaufen sie wieder. Dadurch entsteht kein neuer Wohnraum, er wird nur teurer. Es ist zwar eine Investition, aber sie bringt der Kommune nichts. Trotzdem frohlockte der Phoenix-Spree-Prospekt bereits 2012: »Weil der Wohnungsmarkt in Deutschland immer noch erschwinglicher als in jedem anderen europäischen Land ist, rechnet der Verwalter weiter mit signifikant steigenden Preisen.«

Das bestätigt auch eine Studie der Berliner Humboldt-Universität 2017 im Auftrag der Hans-Böckler-Stiftung:

Im relativ armen Berlin verwenden Menschen einen größeren Anteil ihres Einkommens auf die Miete als im reichen Stuttgart. Inzwischen geben sogar 40 Prozent der Haushalte in Deutschlands Großstädten mehr als ein Drittel ihres Geldes für die Miete aus. Eine solch hohe Quote gilt besonders bei Menschen mit geringem Einkommen als problematisch, weil dann nur noch wenige Mittel für die Lebensführung bleiben. Und: Auch Vermieter ziehen genau da eine Grenze bei der Auswahl ihrer Mieter, aus Furcht vor Zahlungsausfällen. »Die Wohnbedingungen tragen durch die hohe Mietkostenbelastung zu einer wachsenden Ungleichheit bei«, schreibt die Hans-Böckler-Stiftung. 47 Prozent der Menschen in Deutschland haben Angst, sich ihre Wohnung künftig nicht mehr leisten zu können.

Treibende Kraft sind dabei eben auch all diese Briefkastenfirmen in den Steueroasen. Phoenix Spree zum Beispiel investiert neben Berlin außerdem in Nürnberg, Pforzheim, Hannover, Oldenburg, Bremen, Lüneburg, Lübeck, Rendsburg und Kiel. In ihrem Halbjahresbericht 2017 verweist die Firma für Deutschland auf 303 Prozent Gewinn, erwirtschaftet unter anderem durch eine 25-prozentige Steigerung ihrer Mieten – innerhalb eines Jahres.

Die *Süddeutsche Zeitung* berichtet in diesem Zusammenhang von einer Kita in Kreuzberg, deren Mietvertrag nach 13 Jahren nicht verlängert wurde. Auch das Angebot einer höheren Miete konnte den Eigentümer Phoenix Spree Property Fund nicht umstimmen. Der Dachverband der Berliner Kinder- und Schülerläden meldete allein im Jahr 2015 zwanzig ähnliche Kündigungen. Christoph Trautvetter wertete die Bestandsmieten des Taliesin Property Fund aus, sie lagen im Schnitt 15 Prozent höher als die anderer Aktiengesellschaften und 30 Prozent über den kommunalen Vermietern. Und selbst gut verdienende Unternehmer bekommen langsam Schwierigkeiten bei der Suche nach Gewerbeflächen. So berichtete mir ein Dentaltechniker, der lieber anonym bleiben will, auch sein Gebäude in Alt-Moabit wurde an eine Limited in Zypern verkauft, alle Mieter mussten raus. Auf seiner Suche nach 500 Quadratmetern in Schöneberg machte er eine erstaunliche Erfahrung: Von den zehn Flächen, die er sich näher ansah, gehörten neun ebenfalls Limiteds, überwiegend aus Zypern. Sein Vermieter heute: eine Limited, vertreten durch einen Stuttgarter Anwalt.

Das Finanzamt geht an jeder Schnittstelle solcher Transaktionen leer aus. Weder beim Kauf noch bei den Mieteinnahmen noch beim Verkauf profitiert Deutschland von seinem eigenen Boom, denn in Jersey, dem Sitz von Phoenix Spree und Taliesin, fallen so gut wie keine Steuern an. Auch mit Immobilien, einem greifbaren Gut, das vermeintlich nicht einfach in ein anderes Land verschoben werden kann, lässt sich das inzwischen allseits bekannte Hütchenspiel mit verschiedenen Briefkastenfirmen spielen.

Nach Recherchen des Netzwerk Steuergerechtigkeit gehören die 52 Berliner Gebäude des Taliesin Property Fund eigentlich 13 Objektgesellschaften in Luxemburg und Deutschland. Dahinter befinden sich weit über ein Dutzend weitere Gesellschaften, Holdings und Limiteds in Deutschland, Zypern und auf den Kanalinseln. Die Firmen leihen sich untereinander Geld, stellen sich gegenseitig Rechnungen und zahlen intern Zinsen und Gebühren. Eine Kapitalgesellschaft in Deutschland verrechnet Gewinne mit Verlusten. Eine Zwischenholding in Zypern ermöglicht die steuerfreie Übertragung und Weiterleitung von Zinseinkünften auf die Steueroase Jersey. Und dort zahlt die Muttergesellschaft all dieser Briefkastenfirmen der Königin von England, Her Majesty Queen Elisabeth II., exakt null Prozent Einkommenssteuer.

Wieso geht das überhaupt?

Zu verdanken haben wir das dem Europäischen Gerichtshof. Er entschied in den Jahren 2003 und 2004, dass die englische Limited in Deutschland anerkannt werden muss, und seither können diese Kapitalgesellschaften hier problemlos Niederlassungen gründen. Sie unterliegen englischem Recht und – da wird es interessant – auch englischem Steuerrecht.

Der Berliner Notar Uwe J. Fischer, Experte in den Fachgebieten Immobilien, Gesellschaftsrecht und Kapitalanlagerecht, bezeichnet diese Zulassung englischer Limiteds als Dammbruch. »Durch das Urteil wurden ausländische Gesellschaften salonfähig. Wir haben uns so sehr an Limiteds gewöhnt, dass jetzt auch Limiteds auf den Steueroasen British Virgin Islands, der Isle of Man, Jersey oder auch sogenannte ›Besloten vennootschap met beperkte aansprakelijkheid‹ (BV) auf den niederländischen Antillen von den Grundbuchämtern und Gerichten durchgewunken werden. Obwohl sie nicht zur EU gehören und das Urteil sie also gar nicht gemeint hat.«

Die Unterschiede zu herkömmlichen deutschen Gesellschaften sind enorm, vor allem was die Transparenz betrifft. Bei uns steht für jede Gesellschaft am Ende immer eine natürliche Person gerade, meistens der im Handelsregister erfasste Geschäftsführer einer GmbH. Wo Geschäftsführer draufsteht, ist auch Geschäftsführer drin. Das ist eine der Grundfesten des gesamten deutschen Gesellschaftsrechts.

Der »Director« einer englischen Limited vertritt diese nur nach außen. Aber erstens kann es intern noch weitere »Directors« geben, von denen niemand weiß, und zweitens sieht man die wahren Macht- und Vermögensverhältnisse nur in den – nichtöffentlichen – Papieren der Gesellschaft. Damit nicht genug, der Director einer Limited darf selbst eine Limited sein. »Es gibt niemanden mehr, den man greifen kann. Für das Finanzamt ist es unmöglich, die wirtschaftlichen Zusammenhänge nachzuvollziehen«, sagt Notar Uwe J. Fischer. »Deshalb verlegen auch viele Deutsche gern ihren Wohnsitz nach London.«

Wie viele Immobilien hierzulande in der Hand von Limiteds oder ähnlichen Gesellschaften sind, weiß niemand. Die *Süddeutsche Zeitung* suchte auf Umwegen wenigstens eine Annäherung an diese Frage. Sie recherchierte 2016, dass es allein in Berlin knapp 5000 Grundsteuerkonten gibt, die Firmen gehören, die in bekannten Steueroasen sitzen. Über den Wert dieser Immobilien gab die Senatsverwaltung keine Auskunft, Begründung: Steuergeheimnis.

Der russische Waschsalon und andere Methoden

In der internationalen Welt des Schwarzgelds hat sich längst eine überaus professionelle Infrastruktur herausgebildet, die bequemen Service anbietet, unkompliziert und günstig. Die dunkle Seite der Macht tickt genauso wie wir alle, sie hat nur mehr kriminelle Energie und weniger Skrupel. Das Organized Crime and Corruption Reporting Project hingegen ist eine kleine Rebellen-Allianz im Osten und Teil des Heers von Journalisten, die an der Auswertung der Panama Papers beteiligt waren. Im Jahre 2014 entdeckten sie eine komplexe neue Galaxie und tauften sie den »Russischen Waschsalon«.

Dort wuschen 19 Banken aus Russland über 20 Milliarden schmutzige Dollar, ließen sie bei einer Bank in Moldawien trocknen, überwiesen sie von dort frisch gebügelt in das bildhübsche kleine Riga und aus Lettland (Europäische Union!) dann an diverse Institutionen in Europa, den USA und eigentlich weltweit – insgesamt 5000 von ihnen in 96 Ländern. Das überaus Bemerkenswerte und Neue an dieser Organisation war, dass sie wie eine Agentur für kleinkriminelle Geldwäscher agierte. Sie machte die teure Infrastruktur der ganz großen Player zugänglich für alle. Gegen eine relativ günstige Gebühr konnten sie sich Drogendealer aus Mexiko genauso leisten wie südafrikanische Diamantenschmuggler oder Kreditkartenbetrüger aus der Ukraine.

Es war ein Service-Paket inklusive Banken, korrupten Staatsdienern, Offshorefirmen und Bedienungsanleitungen zum Betrug. Darin war beispielsweise zu lesen, man solle keine glatten Summen überweisen, also nicht eine Million, sondern 994 320. Oder man solle nicht behaupten, Waren zu verschiffen, wenn der Firmensitz nicht am Meer liege. All das erzählt Christian Radu, OCCRP-Reporter, vor dem Panamaausschuss des Europäischen Parlaments – es ist ein atemberaubendes Video.[12] Die *Süddeutsche Zeitung* recherchierte später, dass mindestens

66,5 Millionen frisch gewaschene Dollar aus dem Russischen Waschsalon nach Deutschland gelangten.

Eine konkrete Vorstellung von solchen Prozessen und auch den Tätern dahinter liefert folgender prominenter Fall aus den USA. Im Juli 2017 bricht das amerikanische FBI in einem Haus im US-Bundesstaat Virginia ein. Es ist kurz vor Sonnenaufgang, drinnen schläft Paul Manafort, der ehemalige Wahlkampfchef von Präsident Donald Trump. Die Agenten schnappen sich Manaforts Aktenordner, kopieren Computer-Festplatten und – fotografieren seine Anzüge. Sie sind die maßgeschneiderten Beweise für einen sehr, sehr teuren Geschmack und einen sehr, sehr luxuriösen Lifestyle, den er sich eigentlich gar nicht leisten kann. Im Herbst 2017 erhebt Sonderermittler Robert Mueller Anklage wegen Steuerhinterziehung und Geldwäsche. Es geht um 30 Millionen Dollar, die über verschlungene Pfade ihren Weg unter anderem in amerikanische Immobilien fanden.

Manafort arbeitete jahrzehntelang als Berater und Lobbyist für Menschen wie den philippinischen Diktator Ferdinand Marcos, den angolanischen Guerilla-Anführer Jonas Savimbi und den Autokraten Mobutu Sese Seko im damaligen Zaire – allesamt des Mordes, der Folter und der Plünderung von Staatsgeldern angeklagt. 2006 gesellt sich neue Kundschaft zu dem illustren Kreis: Viktor Janukowitsch, ein Freund von Wladimir Putin, der gern Präsident der Ukraine werden möchte, einem der korruptesten Länder der Welt. Und Oleg Deripaska, jener Oligarch, der auch im Geldwäscheprozess vor dem Stuttgarter Landgericht eine Rolle spielte. Zehn Jahre lang kassiert Manafort von Janukowitsch und Deripaska Beratungsgelder, Millionen türmen sich auf internationalen Schwarzgeldkonten auf.

Laut Sonderermittler Robert Mueller sind es am Schluss 75 Millionen Dollar, die er genau da parkt, wo auch viele russische Oligarchen ihr Geld verstecken, nämlich in Zypern. Die Insel ist seit 2004 Mitglied der EU, ihre Banken berühmt-berüchtigt. Hier eröffnet Manafort zahlreiche Konten, natürlich nicht unter seinem Namen, sondern unter dem Deckmantel von Briefkastenfirmen und eigentlich unauffindbar. Doch Manafort ist eitel und will sein Geld dort ausgeben, wo er lebt. An ein Teppichgeschäft überweist er laut Anklage eine Million Dollar, 163 000 fließen in drei Range Rovers, 500 000 lässt er beim »teuersten Herrenausstatter der Welt«, dem »House of Bijan« in Beverly Hills. Krawatten kosten dort 1000 Dollar, Jacketts 12 000.[13]

Im Jahre 2012 wird er dann im Zuge der Eurokrise und dem Zusammenbruch der zypriotischen Banken aus dem Steuerparadies vertrieben. Eine Bedingung für EU-Hilfen war weniger Geheimniskrämerei bei den Banken. Laut Anklage verschiebt Manafort ab diesem Zeitpunkt immer größere Summen in die USA. Das ist mit Krawatten nicht mehr zu schaffen, und so entscheidet er sich eines Tages für ein hübsches Reihenhaus im New Yorker Stadtteil Brooklyn. Eine seiner Briefkastenfirmen in Zypern kauft das Haus für eine andere Briefkastenfirma in den USA mit drei Millionen Dollar in bar. Jetzt ist das Geld im Land. Drei Jahre später nimmt er auf das Haus eine Hypothek in Höhe von fünf Millionen Dollar auf. Aus dem schmutzigen Bargeld wird sauberes »Buchgeld« einer amerikanischen Bank – daher der Begriff Geldwäsche. Die gleiche Methode wendet er an für den Kauf einer Wohnung im Trump Tower und eines Lofts in Soho. Manaforts Fehler war seine Überheblichkeit. Zu offensichtlich und zu protzig schmiss er zu viel Geld heraus, das vorher zu wenige Briefkastenfirmen durchlaufen hatte, um die Spuren in die Ukraine zu verwischen.

Paul Manaforts Methode nennt man *Back-to-Back Loan*. Illegales Geld kauft über Briefkastenfirmen oder Strohmänner eine Immobilie. Einige Zeit später wird auf die Immobilie ein Kredit aufgenommen, das im-mobile Geld wieder verflüssigt und damit scheinbar legal.

Das Bundeskriminalamt ist sich sicher, dass es bei uns genauso läuft, und ließ 2012 von der Düsseldorfer Wirtschaftsprüfungsgesellschaft Deloitte und Touche GmbH die »Geldwäsche im Immobiliensektor in Deutschland« untersuchen. Auch diese »Studie führte zu dem Ergebnis, dass das Thema Geldwäsche und Geldwäscheprävention bei den Studienteilnehmern zu weiten Teilen nicht hinreichend präsent ist und es in der Branche an der erforderlichen Sensibilität für diesen Themenbereich mangelt«. Die kriminellen Methoden, die die Wirtschaftsprüfer dort schildern, sind atemberaubend. Sie eröffnen einen einmaligen Blick in die komplexe Logik der Schattenwirtschaft, wo sich Geld wie Wasser verhält und immer den Weg des geringsten Widerstands findet. Allein der Katalog an Möglichkeiten, Schwarzgeld in deutschen Immobilien anzulegen, umfasst mehrere Seiten und sei hier wörtlich zitiert:

»Im Rahmen der Finanzierung

Loan-Back-Methode: Straftäter gewähren sich selbst einen Kredit, meist über andere Länder, Strohmänner und Scheinfirmen.

Back-to-Back Loans: Variante der Loan-Back-Methode, die Sicherheit für den Kredit hat ihren Ursprung in illegalen Aktivitäten; bei Kreditausfall verwertet die Bank diese Sicherheit.

Tilgung von Hypothekendarlehen mit Geld aus Vortaten: Aufnahme eines Hypothekendarlehens, dessen Zinsen und/oder Tilgungsraten mit illegalen Geldern bezahlt werden.

Im Rahmen der Vermietung und Verwaltung von Immobilien

Phantommieter: Fingierte Mietverträge und weitere, unter Umständen gefälschte, Dokumente.

Barzahlung: Mietzahlungen in bar, Mieterzuschüsse als Bareinnahme verbuchen, das Ganze ggf. in Kombination mit einem Phantommieter.

Mietkautionen: Rückzahlung der Kaution in bar oder umgekehrt die Verbuchung der einbehaltenen Kaution als Einnahme für fiktive Schäden oder Abnutzung.

Hausverwaltung: Investition in Fonds in einer Steueroase, komplexe Gesellschaftskonstruktion über Dienstleistungsunternehmen. Für Hausverwaltungen werden Zahlungsströme und beteiligte Personen verschleiert.

Ausnutzung von Notaren, Rechtsanwälten, Steuerberatern und Amtsgerichten

Gatekeeper für Geldwäscheaktivitäten: Missbrauch der Funktionen der genannten Berufsgruppen, oder die Gatekeeper ermöglichen Straftätern bewusst Zugang zu Finanzinstitutionen.

Unternehmensvehikel, Strohmannkonstruktionen: Durch Unternehmensvehikel oder Strohmannkonstruktionen werden Transaktionen komplexer und undurchschaubarer.

Geldwäsche bei Zwangsversteigerungen: Qualifizierung als

Bieter eines Objektes durch Einzahlung von 10% des Verkehrswertes als Sicherheitsleistung, die Herkunft des Geldes wird nicht überprüft. Die anschließende Überweisung des Geldes auf ein anderes Konto ist möglich.

Geldwäsche im Zusammenhang mit Grundschuld: Erwerb oder Übertragung von wirtschaftlichem Eigentum in Kombination mit Strohmännern, ohne dass die tatsächlichen wirtschaftlichen Verhältnisse nach außen hin sichtbar werden.

Im Rahmen der Bewertung von Immobilien

Über- oder Unterbewertung von Immobilien: Der Verkehrswert ist maßgeblich für die Höhe eines Hypothekendarlehens. Werden die Parameter der Bewertung falsch angegeben, verändert oder gefälscht, wirkt sich das auf den Verkehrswert aus.

Neben dem Kaufpreis, der im Vertrag festgehalten ist, fließt zusätzlich Geld.

Kurzfristig aufeinander folgende Käufe und Verkäufe: Verkauf innerhalb von zusammengehörigen oder zusammenarbeitenden Parteien zu unterschiedlichen Preisen.

Immobilienportfolien: Sie verringern die Transparenz und verschleiern damit die Eigentumsverhältnisse und Herkunft der möglicherweise inkriminierten Gelder.

Im Rahmen der Erstellung und Sanierung von Immobilien (z.B. Bauträger)

Rechnungsbegleichung: Barzahlung bei Erstellung oder Sanierung, wobei das Risiko durch mehrere Involvierte (Architekt, Bauleiter, Handwerker) sehr hoch ist.

Erstellung und Sanierung: Eine Überprüfung der tatsächlich erbrachten Leistungen ist sehr schwer und bei der Berechnung eines Pauschalbetrags gibt es keine Details über den tatsächlichen Wert der Arbeiten.

Sanierung von sogenannten Schrottimmobilien: Man kauft eine stark renovierungsbedürftige Immobilie und bezahlt die Sanierung mit inkriminierten Geldern – auch in bar. Anschließend verkauft man die Immobilie an einzelne Parteien.«[14]

In London und New York kann man Grundbücher – im Gegensatz zu Deutschland – öffentlich einsehen. Von dort weiß man inzwischen, dass vor allem Luxusimmobilien bis zu 80 Prozent ausländischen Personen gehören, die ihr Eigentum durch verschachtelte Firmenkonstrukte verschleiern. Unter ihnen befinden sich Waffenhändler, Kriegsverbrecher, Mafiosi und natürlich Steuerhinterzieher. Die *New York Times* recherchierte 2015 die Eigentümer eines Wolkenkratzers an der Südwestecke des Central Park in Manhattan, des sogenannten Time Warner Center. Apartments kosten in dem Gebäude bis zu 75 Millionen Dollar, zwei Drittel der Eigentümer sind getarnt über mehr als 200 Strohfirmen. Trotzdem fand die Zeitung einiges über sie heraus.

Einer ist Andrey Vavilov, der ehemalige stellvertretende Finanzminister unter Boris Jelzin. Die Russen versuchten, ihn wegen Amtsmissbrauch anzuklagen, doch die Sache war verjährt. Ein anderer heißt Anil Agarwal und ist Gründer und Vorsitzender von Vedanta Resources, einem weltweit agierenden Konglomerat von Minengesellschaften. Seine Firma soll in Indien und Sambia schwere Umweltverschmutzungen verursacht haben, und ein indisches Gericht befand ihn für schuldig, unerlaubt Geld außer Landes geschafft zu haben. Oder Dimitrios Contominas, ein griechischer Geschäftsmann: Er wurde 2014 verhaftet, weil er mit einem Firmenkredit eine Wohnung für seine Tochter in London gekauft hatte.[15] Besonders sesshaft ist der Klub der globalen Plutokraten übrigens nicht. Im weltweit begehrten Midtown Manhattan, so besagen Unterlagen der US-Volkszählungsbehörde, steht mittlerweile ein Drittel der Apartments mindestens zehn Monate im Jahr leer.

Die Veröffentlichung dieser und ähnlicher Artikelreihen in Los Angeles, San Francisco, Sydney und London lösten nicht nur große Empörung aus – die Gesetze über die Offenlegung der wahren Eigentümer von Immobilien wurden tatsächlich verschärft.

Warum sollte es mit dem schmutzigen Geld in Deutschland, Europas größter Wirtschaftsmacht und der weltweiten Nummer vier beim Bruttoinlandsprodukt, anders sein? In unserer Vorstellung sind wir vielleicht immer noch der strebsame, ungeliebte und ein wenig langweilige Außenseiter, international gelten wir längst als unterbewertet. Und im Immobiliensektor sind wir verschwiegener, als die Schweiz es je war. Die Deutsche Bank errechnete, basierend auf Zahlen der russischen Zentralbank und der Bank of England, dass seit 2006 über geheime Offshoretransaktionen etwa 129 Milliarden Dollar aus Russland nach England geflossen sind. Sollten die Engländer in Zukunft tatsächlich mehr Transparenz durchsetzen, könnten die betroffenen Immobilienbesitzer bequem nach Deutschland ausweichen.

Wir wissen überhaupt nicht, wer bei uns kauft. Solche Erhebungen gibt es nicht, und unsere Grundbücher sind nicht öffentlich einsehbar, schon gar nicht zentral. Und zwar nicht nur nicht für neugierige Journalisten oder

Nachbarn, sondern selbst für die Polizei. Das Bundeskriminalamt klagt seit Jahren laut und vergeblich über die eingeschränkten Möglichkeiten der Ermittlung. Wenn man beispielsweise nicht sowieso schon weiß, ob und wo namentlich bekannte Straftäter eine Immobilie besitzen, ist es unmöglich, es herauszufinden. Eine Farce. Sebastian Fiedler vom Bund Deutscher Kriminalbeamter sagte mir zu dem Thema: »Ich halte es für absolut wahrscheinlich, dass das bei uns passiert. Es spricht nicht nur alles dafür, die Geldwäscher wären sogar bescheuert, wenn sie in Deutschland keine Immobilien kaufen würden.«

Der berühmte Theaterregisseur Max Reinhardt ließ sich am Kurfürstendamm im Jahr 1924 die Komödie bauen, einen ovalen Raum im Jugendstil mit 600 Plätzen, Kuppeldecke und fantastischer Akustik. Marlene Dietrich und Curd Jürgens sind hier aufgetreten, Außen- und Innenminister der Weimarer Republik jubelten ihnen aus den Logen zu. Später spielten dort auch Heinz Rühmann, Harald Juhnke, Inge Meysel, Günter Pfitzmann, Grit Boettcher oder Horst Buchholz – in jener Art von Boulevardstücken, wie man sie noch bis in die Siebzigerjahre aus dem Fernsehen kannte.

Jetzt ist die Komödie platt. Weg. Eingerissen. Denn sie gehörte zum Ku'damm-Karree, einem rund 20 000 Quadratmeter großen Areal, das die Entwicklung der Schattenseiten des deutschen Immobilienmarktes abbildet.

1990 verkauft es der Berliner Senat für 30 Millionen Mark (rund 15 Millionen Euro) an einen einzelnen Unternehmer. Der saniert den Komplex und verkauft ihn 2002 für 194 Millionen Euro an die Deutsche Bank. Dort wird er Teil eines riesigen Immobilienpakets aus 57 Grundstücken, heißt fortan Mars Propco 1 und ist nicht mehr am Ku'damm, sondern in Luxemburg ansässig.[16] Und seither gehört die Berliner Komödie zu jenen Filetstücken, die sich internationale Immobilienhaie immer schneller zu immer höheren Preisen in den Rachen schmeißen.

Derzeitiger Eigentümer scheint ein russischer Oligarch zu sein, der auf den internationalen Sanktionslisten steht und also gar nichts bei uns kaufen darf. Aber er bedient sich eben jener Firmengeflechte in Steueroasen, die wir mittlerweile alle kennen und gegen die angeblich kein Kraut gewachsen ist. Man munkelt, der Kaufpreis sei viel zu hoch gewesen. Erfahrene Profis wie ECE, ein Shoppingcenter-Entwickler der Otto-Group, seien früher ausgestiegen, weil sich mit so einem Preis keine Rendite mehr erzielen lässt.

Aber wahrscheinlich braucht Arkadi Rotenberg keine Rendite. Der ehemalige Judopartner Putins wird seit 2013 immer wieder mit spektakulären Immobiliendeals von insgesamt einer Milliarde Euro in Verbindung gebracht:

München, Palais an der Oper, Büros und Luxuswohnungen
Frankfurt, Sofitel Opera, Hotel
Berlin, Das Stue, Hotel
Hamburg, LES 1, Bürogebäude
Berlin, Ku'damm-Karree[17]

Als Putin im Jahr 2000 Kremlchef wurde, gründete der ehemalige Wachmann und Tankstellenbesitzer Arkadi Rotenberg zusammen mit seinem jüngeren Bruder Boris die Bank Sewerny Morskoj Put, übernahm eine Wodkafabrik und kaufte 2008 fünf Tochterfirmen des Energieriesen Gazprom.[18]

Als Chef des Baukonzerns Strojgazmontazh baut und liefert er seither, was Putin braucht: Rohre für die Ostsee-

Pipeline und eine Brücke vom russischen Festland auf die Krim. Das Magazin *Forbes* nennt Rotenberg den »König der Staatsaufträge«. Manche mutmaßen, er sei in Wahrheit Putins Strohmann und häufe für ihn ein Milliardenvermögen an.

Die *Berliner Zeitung* wertet im Mai 2018 Handelsregister und Datenbanken in Deutschland, Luxemburg, Zypern, Russland und Panama aus und befragt Ermittler verschiedener Landeskriminalämter, Steuerfahnder sowie Wirtschaftsjournalisten, Politiker und Experten in Russland und Deutschland. Sie findet heraus, dass neben Dutzenden von Konstrukten in den üblichen Steueroasen auch die Bayerische Landesbank und die Baden-Württembergische Landesbank bei den Deals von Rotenberg involviert waren. Beide sind schon früher durch Immobilien in unruhige Fahrwasser geraten. Dass deutsche Politiker und Banken auch gern nach schmutzigen Rettungsankern greifen, ist sowohl eine Spätfolge der Finanzkrise als auch schierer Dilettantismus.

Ilya Shumanov, stellvertretender Leiter von Transparency International Russia, erzählt der *Berliner Zeitung*: »Deutschland ist ein guter Ort, um Geld zu verstecken, weil es im Bereich Immobilien an Transparenz mangelt. Jeder Kleptokrat auf der Welt geht in drei Schritten vor: Zuerst transferieren sie ihr Geld an sichere Orte wie England oder Deutschland, dann schicken sie ihre Familien hinterher, und als Letztes waschen sie ihren Ruf.«[19]

Die Thüringische Pizza-Connection

Unser Nachbar Italien warnt uns seit Jahren und zeigt sich zunehmend verärgert, dass vonseiten der deutschen Regierung nichts passiert. Die Vorsitzende der Europäischen Anti-Mafia-Kommission Sonia Alfano, die in Palermo lebt und deren Vater Guiseppe von der Cosa Nostra hingerichtet wurde, bezeichnet Deutschland als »die zweite Heimat der kalabrischen 'Ndrangheta, der reichsten kriminellen Organisation der Welt. Sie transportiert Drogen über deutsches Territorium, hat die Wirtschaft unterwandert und ist gesellschaftlich akzeptiert.«[20] Und der italienische Staatsanwalt und Mafia-Jäger Roberto Scarpinato sagte schon 2012 vor dem deutschen Bundestag: »Wenn ich Mafiosi wäre, würde ich mein Geld in Deutschland anlegen.« Das Bundeskriminalamt bestätigte im Februar 2018, dass die Mafia nichts unversucht lasse, »um in die deutsche Gesellschaft einzudringen und die Wirtschaft zu schädigen. Die Investitionsmöglichkeiten sind sehr vielfältig, der Immobilienbereich ist davon nicht ausgenommen.«

Und das Bundesbauministerium gab im Juni 2018 auf Anfrage der Grünen zu, »dass mutmaßliche Mitglieder der 'Ndrangheta, zum Teil nach Aufforderung durch Führungsmitglieder, Investitionen im Gastronomiebereich, in der Hotellerie und in verschiedenen Handelsbranchen getätigt haben« und deshalb im Jahr 2016 wegen verdächtiger Aktivitäten im Immobilienbereich Vermögenswerte in Höhe von 61 Millionen Euro durch den Staat eingefroren wurden. Allerdings lägen »zur Dunkelziffer der Verdachtsfälle und des Geldwäschevolumens im Immobiliensektor in Deutschland der Bundesregierung keine aktuellen Informationen vor«. Die Grünen-Finanzexpertin Lisa Paus vermutet: »Wir sehen bislang nur die Spitze eines gewaltigen Eisbergs.«[21]

Besonders Erfurt gilt seit mehr als zehn Jahren als Operationsbasis der 'Ndrangheta. Mindestens 100 Millionen Euro soll sie von hier aus investiert und dabei ein europaweites Netz aus Restaurants und Immobilien aufgebaut haben. Zwischen den Läden fließt mutmaßliches Drogengeld so lange hin und her, bis niemand mehr seine Herkunft nachweisen kann. Rund 350 'Ndrangheta-Mitglieder sind dem BKA hierzulande bekannt, im Januar 2018 wurden in einer groß angelegten Razzia elf von ihnen in Bayern, Baden-Württemberg, Hessen und Nordrhein-Westfalen festgenommen. Ihnen wird unter anderem Geldwasche vorgeworfen. Auch die Erfurter waren dem Finanzamt schon aufgefallen – wegen Steuerhinterziehung im sechsstelligen Bereich –, aber sie bezahlten die Strafe, und damit war die Sache erledigt. Sie gelten als Finanzverwalter, getarnt als Pizza-Bäcker in der ostdeutschen Provinz.

Von hier aus transferieren sie die Millionen über San Marino in römische Immobilien und gastronomische Betriebe. Wenn jemand fragt, stammt das Geld aus den angeblich fantastisch gut laufenden, deutschen Geschäften. Damit entgehen sie den strengen italienischen Anti-Mafia-Gesetzen, denn in Italien müssten die Investoren nachweisen, womit genau sie ihren Reichtum verdient haben. Das nennt man Beweisumkehr. Nicht der Staat muss belegen, dass das Geld illegal ist, sondern der Mafiosi muss nachweisen, dass es legal ist. Bei uns ist das nicht so.

Aus den schlecht besuchten Pizzerien und Schrotthäusern in Thüringen werden auf diesem Wege erste Adressen in Rom. Zum Beispiel das Ristorante »Alla Rampa« an der Rampa Mignanelli, unweit der Spanischen Treppe, das zu gehobenen Preisen eine etwas fischlastige italienische Küche serviert und wo die selbst gemachten Ravioli 13 Euro kosten und der gegrillte Hummer 32 Euro. Italiener aus Erfurt investierten in die opulente Ausstattung aus Holz und Stein rund 5 Millionen Euro. Dafür interessierte sich dann die Direzione Investigativia Antimafia, die italienische Anti-Mafia-Behörde. Sie hält die Existenz der »Erfurter Gruppe« der 'Ndrangheta für erwiesen, beißt sich aber an deutschen Banken und Finanzämtern regelmäßig die Zähne aus. Deshalb endete auch hier die Untersuchung mit dem Hinweis auf die prächtigen Geschäfte im deutschen Osten. Die Mauern um unsere Daten und Steuergeheimnisse scheinen unüberwindlich. Paolo Costanzo, der für die italienische Financial Intelligence Unit arbeitet, beklagte sich in einer Anhörung vor dem Europäischen Parlament im Juni 2017 mindestens zehn Minuten lang nur darüber, dass Fragen seiner Behörde über Zahlungen aus dem europäischen Ausland meistens unbeantwortet bleiben.[22]

Die Mafia-geplagten Italiener besitzen längst ein Zentralregister über alle Immobilien des Landes, aus dem die wahren Besitzer digital abgerufen werden können. Wenn also Peppino Mafioso unter Verdacht gerät, weil im Auto seines Cousins ein paar Waffen gefunden wurden, dann sieht die Polizei mit einem Mausklick, was ihm gehört, wann er es gekauft hat und für wie viel. Und falls er dann keine gute Erklärung parat hat, schlagen die Carabinieri zu: Bei einer Großrazzia Ende Juni 2017 in Rom beschlagnahmte die Polizei zum Beispiel 262 Mafia-Immobilien im Wert von fast 300 Millionen Euro.

Laut der vierten Geldwäscherichtlinie der EU sollen künftig alle Staaten ein zentrales Register einrichten. Doch ausgerechnet unser langjähriger Finanzminister und Saubermann Wolfgang Schäuble wehrte sich bis zuletzt dagegen. Begründung aus dem Finanzministerium vom Herbst 2017: »Die Einführung eines (…) Registers wäre (…) mit erheblichen Kosten und zusätzlichem bürokratischen Aufwand verbunden, und es hat bislang noch keinerlei Folgenabschätzung dazu gegeben.«[23]

Sebastian Fiedler gehört zum Vorstand des Bundes Deutscher Kriminalbeamter, und solche Aussagen bringen ihn in Rage. Er nennt unser Katasterwesen »einen altertümlichen Flickenteppich«, bei dem sinnvolle Polizeiarbeit überhaupt nicht möglich sei, und fordert deshalb sehr nachdrücklich ein zentrales Immobilienregister. Gegen die deutsche Politik erhebt er bei der Anhörung im Europäischen Parlament im Juni 2017 schwere Vorwürfe: »Die Bundesregierung sagte die Unwahrheit, als sie vor dem Bundestag von einer Personalverstärkung durch die Einrichtung der Financial Intelligence Unit (FIU) sprach. Hier wurde im Gegenteil ein funktionierendes System zerschlagen. Eine schlimmere politische Einflussnahme kann es gar nicht geben.«[24]

Folgerichtig befinden sich die Behörden mit ihren Erfolgen bei der Geldwäsche im Promillebereich. Wegen Software-Problemen mussten Banken und andere Stellen ihre Verdachtsmeldungen bis vor Kurzem per Fax schicken, und sie werden jetzt von studentischen Hilfskräften abgearbeitet. Sagenhafte 29 000 Verdachtsfälle liegen derzeit unbearbeitet auf Halde (Stand: Mai 2018), das Tor zur deutschen Wirtschaft steht kriminellem Geld sperrangelweit offen.

Wie reagiert die Politik?

Wolfgang Schäuble, acht Jahre Finanzminister und somit maßgeblich für die derzeitige Gesetzgebung verantwortlich, gab im Zuge der Veröffentlichung der Paradise Papers einer Gruppe von Journalisten 2017 ein Interview zum Thema Geldwäsche in Deutschland: »Die Wahrheit ist, wir sind in einer Welt der Globalisierung. Die Märkte sind globalisiert, die Finanzmärkte im Besonderen, jeder kann seine finanziellen Transaktionen überall auf der Welt tätigen. Und damit sind die Möglichkeiten, die günstigste steuerliche Gestaltung zu finden, ungeheuer vielfältig. Ich gebe zu, das ist wie bei der Hydra: Sie schlagen einen Kopf ab, und zwei weitere wachsen nach.«

Die Politik schaut also hilflos zu und bietet weiterhin einzigartigen Schutz gegen unliebsame Nachfragen. Sie fördert den Ausverkauf sogar mit erstaunlichen Steuerschlupflöchern für Großinvestoren. Obwohl seit Jahren Missbrauch damit getrieben wird, existieren die sogenannten Share Deals immer noch. So bezeichnet man eine Transaktion, bei der keine ganze Immobilie den Besitzer wechselt, sondern nur Anteile von 94,9 und 5,1 Prozent. Warum? Weil man dann die Grunderwerbssteuer komplett umgehen kann. Die liegt immerhin bei 3,5 bis 6,5 Prozent des Kaufpreises (je nach Bundesland) und ist für Normalverdiener ein erheblicher Faktor bei der Anschaffung von Wohneigentum, da Banken diese Kosten nicht finanzieren.

Erfunden für mittelständische Unternehmen, gefallen Share Deals heute besonders ausländischen Pensionskassen. Sie wandeln ganze Wohnanlagen in eine Anteilsgesellschaft um, kaufen 94,9 Prozent und separat noch mal

5,1 Prozent über eine oder mehrere Tochtergesellschaften, und dem deutschen Staat – und damit jedem Bürger – entgehen, ganz legal, Steuern in Millionenhöhe. Paradebeispiel für eine derartige globale Steueroptimierung ist das berühmte Sony Center am Potsdamer Platz in Berlin. 2010 von Koreanern für 600 Millionen Euro gekauft, wurde es im Herbst 2017 für 1,1 Milliarden wieder verkauft, an eine kanadische Pensionskasse. Grunderwerbssteuer floss dabei nicht, und für die, deren Kopfrechenkünste da nicht mehr mitkommen: Dem Fiskus entgingen rund 66 Millionen Euro.

Matthias Kollatz-Ahnen, Finanzsenator von Berlin, ist derzeit der größte Leidtragende dieses Systems, er schätzt, dass ihm durch Share Deals jährlich rund 100 Millionen Euro verloren gehen. Daher wagt er jetzt mit den anderen Finanzministern der Länder einen Vorstoß, der der Pervertierung der Share Deals ein Ende setzen soll. Die Forderung: Erst wenn 25 Prozent einer Immobilie einer unabhängigen, zweiten Gesellschaft gehören, soll der Verkauf steuerfrei bleiben. Doch die Gesetzgebung liegt beim Bund, und der stellt sich bisher taub. Die Länder sind in Wahrheit machtlos. Deshalb sagt Kollatz-Ahnen auch: »Wir nehmen alles, was wir kriegen können, jeden noch so kleinen Schritt.«

Weiß der Finanzsenator von Berlin überhaupt, wie viele Immobilien Briefkastenfirmen gehören? »Nein.« Könnte er es herausfinden? »Nein.« Und wie viel Berlin gehört ausländischen Investoren? »Weiß ich nicht.« Könnte er das herausfinden? »Nein, schon deshalb nicht, weil auch hinter einer deutschen Firma eine ausländische stehen kann. Den einzigen Ansatzpunkt, den wir haben, sind die Panama Papers oder die Paradise Papers. Wir sind auf solche Veröffentlichungen angewiesen.« Ein Finanzminister, der auf Journalisten angewiesen ist, um herauszufinden, was in seinem Land eigentlich los ist? Warum werden die Grundbücher nicht einfach transparenter? »Das Steuergeheimnis ist in Deutschland eine heilige Kuh, das wird noch sehr lange dauern.« Und bis dahin versucht die Stadt, sich mit Milieuschutzgebieten, Zweitwohnsitzsteuer und Vorkaufsrechten gegen die Spekulation zu wehren. Es ist ein Kampf gegen Windmühlen.

4 DER URKNALL – VOM GEMEINNÜTZIGEN WOHNUNGSBAU AN DIE BÖRSE

War früher eigentlich alles anders, oder ist das ein verklärter Blick auf die Vergangenheit? Sind uns die Mikrowohnungen und die Wohntürme mit Concierge-Service einfach nicht aufgefallen? Vielleicht fehlte auch nur der Vergleich zu weniger provinziellen Wohnorten? Standen die vielen Kräne schon immer da?

Nein, Ihre Wahrnehmung trügt nicht: Internationale Investoren sind ein Phänomen der Neuzeit, noch im Jahr 2009 waren die Deutschen mit 82 Prozent der großen Immobilientransaktionen quasi unter sich (Savills). Gehandelt wurde grundsätzlich viel weniger, man baute – und hielt – Mietwohnungen. Eigentümer waren Bund und Länder, die Kirchen, Unternehmen mit Werkswohnungen, Wohnungsbaugesellschaften, Versicherungen und Privatleute. Der Immobilienmarkt war weitestgehend immobil und eine ziemlich träge, stark regulierte Angelegenheit.

Die Qualität von Mietwohnungen in Deutschland ist deshalb vergleichsweise sehr hoch. Im Gegensatz zu Italien, Spanien oder Großbritannien muss man hier keine eigenen vier Wände besitzen, um anständig zu wohnen. Historisch wurde gebaut mit der langfristigen Perspektive steter Einkünfte durch Mieten, entsprechend nachhaltig ist die Bausubstanz. Man hielt die Häuser auch in Schuss, denn interessant waren zufriedene Mieter und nicht der Gewinn beim Verkauf. Das ganze deutsche Wohnmodell fußte auf der Idee, dass der Staat günstige Rahmenbedingungen für Bauherrn schafft und im Gegenzug über einen stabilen Mietmarkt für alle verfügt. Geförderte Mieten entlasteten die freien Mieten, und mieterfreundliche Gesetze dämpften Ausreißer nach oben. Unser Wohnungsbau diente nicht den Portfolios und den Finanzmärkten, sondern dazu, sozialen Frieden unter der Bevölkerung zu stiften. Kommunaler Wohnungsbau, kirchlicher Wohnungsbau, Genossenschaften, Werkswohnungen, aber auch reichlich Förderungen im Bereich des freien Wohnungsbaus für mittlere Einkommen – es wurde viel experimentiert in Deutschland, und Millionen von Menschen wohnen heute in diesen Unterkünften. Es war üblich, dass der Staat in diesem Bereich partizipiert und ihn sogar steuert.

Bereits 1847 entstand das erste gemeinnützige Wohnungsunternehmen. Im preußischen Gesetz über die Stempelfreiheit (Steuerbefreiung) wurden die Kriterien der Gemeinnützigkeit verankert:

»Unbemittelten Familien gesunde und zweckmäßig eingerichtete Wohnungen in eigens erbauten oder angekauften Häusern zu billigen Preisen verschaffen.«

»Die an die Gesellschafter zu vertheilende Dividende muss auf höchstens fünf Prozent ihrer Antheile beschränkt sein.«

96

*»Den Gesellschaftern darf für den Fall der Auflösung der Ge-
sellschaft nicht mehr als der Nominalwert ihrer Antheile zuge-
sichert werden, ein eventueller Rest des Gesellschaftsvermögens
sollte für gemeinnützige Zwecke bestimmt sein.«*[1]

Im Kaiserreich herrschte so großes Wohnungselend, dass
es zu massenhaften Mietstreiks und Krawallen kam. Die
Arbeiterbewegung forderte lautstark bezahlbaren und ge-
sunden Wohnraum. Nach der Novemberrevolution und
dem Ersten Weltkrieg entstanden dann bis zu 90 Prozent
aller Neubauten mit öffentlicher Förderung. In den Zwan-
zigerjahren wurden Projekte realisiert, die noch heute
grandios wirken: die Hufeisensiedlung in Berlin, zum Beispiel, oder der Dammerstock in Karlsruhe. Walter Gropius,
Bruno Taut oder Ludwig Mies van der Rohe sind mit
dem Entwurf solcher Quartiere zu Legenden geworden.
Dabei entstanden gut durchdachte Wohnungen für wenig
Geld, manche von so hoher Lebensqualität und Ästhetik,
dass sie heute unter Denkmalschutz stehen.
Die Architekten der »Reichsforschungsgesellschaft für
Wirtschaftlichkeit im Bau- und Wohnungswesen« bilde-
ten 1927 bis 1931 eine Art Thinktank zur Verbesserung
der Lebensverhältnisse des kleinen Mannes. Ihre Mitglie-
derliste liest sich wie das Who is Who der Moderne. Gropius und Taut entwarfen dort zum Beispiel zusammen mit
Martin Wagner und Ernst May die Haselhorst-Siedlung
in Berlin-Spandau. Sie war ein riesiges Versuchslabor, wo
im Auftrag der Weimarer Republik neue architektonische
Ideen, Bautechniken, Baustoffe und Bauabläufe auspro-
biert wurden. Man findet in der Siedlung noch heute
20 Typen von Treppenhäusern, Hauseingänge mit 21 verschiedenen Türformen, Balkone und Loggien in insge-

samt 13 Varianten sowie über 30 unterschiedliche Formen von Fenstern. Rationalisierung und das Bauen in hoher Stückzahl waren die Strategie, um möglichst rasch viele bezahlbare Wohnungen errichten zu können (bei Fertigstellung waren es rund 3500).

Als wirtschaftlichste Lösung galt die Bebauung mit drei- bis viergeschossigen Häuserzeilen. Und um möglichst viel Licht, Luft und Sonne in die Wohnungen zu lassen, wurden die traditionellen Wohnblocks mit Innenhof aufgegeben und die Häuserzeilen konsequent in Nord-Süd-Richtung angeordnet. Dazwischen blieb viel Raum für große Rasenflächen, Blumenrabatten und Bäume, aber auch Sandkästen, Teppichklopfanlagen und Müllhäuschen. Die Reichsforschungsgesellschaft erarbeitete sogar Vorschläge für die Optimierung von Kücheneinrichtungen und förderte bis zu ihrer Auflösung auf Druck der Rechtsparteien moderne Siedlungen in Dessau, Hamburg und München.[2]

Ihre Ideen zum sozialen Wohnungsbau wurden später auf der ganzen Welt kopiert. Man beneidete Deutschland um seine Fortschrittlichkeit und seine Mieter um die humanen und einmaligen Wohnverhältnisse. 1939 existierten im Deutschen Reich bereits 1,2 Millionen gemeinnützige Wohnungen, und die Nazis schalteten die Wohnungsunternehmen dann gleich. Sie zwangsvereinigten sie teilweise zu großen Konzernen und erließen das »Wohnungsgemeinnützigkeitsgesetz«, das nahezu unverändert bis 1989 galt.

Nach dem Zweiten Weltkrieg, als die Not am größten war, und in der zweiten Hälfte des 20. Jahrhunderts ließen Bund und Länder schließlich fast neun Millionen Sozialwohnungen bauen. Und nicht nur Sozialwohnungen wurden gefördert. Bundeskanzler Konrad Adenauer sagte: »Der Wohnungsbau ist für uns auf Jahre hinaus das wesentlichste Erfordernis, um das deutsche Volk einer politischen, wirtschaftlichen, ethischen und kulturellen Genesung entgegenzuführen.«[3] Die DDR führte strikte Fünfjahrespläne für die Baubranche ein, Wohneigentum spielte dort praktisch keine Rolle.

Dass wir seit über hundert Jahren ein Volk von Mietern sind, hat also historische Gründe und war immer politisch gewollt. Gerade in der Stadt gab es bis heute wenig Anlass, sich für eine eigene Immobilie hoch zu verschulden. Man konnte sich auf erschwingliche Mieten verlassen.

Doch Anfang des Jahrtausends begann der millionenfache Ausverkauf dieser ehemals gemeinnützigen oder kommunalen Wohnungen. Es war plötzlich in Mode gekommen, vieles zu privatisieren, was landläufig zur Daseinsvorsorge zählt – Stadtwerke, Müllabfuhr und öffentlicher Nahverkehr. Die Welle erwischte auch geförderte Mietwohnungen.

Alle sogenannten Immobilien-Megadeals, die heute in Deutschland gehandelt werden, stammen aus diesen Beständen, und dadurch geriet unser gesamter Wohnungsmarkt aus den Fugen. Wenn man massenhaft in den günstigen Markt eingreift, verschiebt sich auch die Mitte und das obere Ende. Jede Preiserhöhung und jede Sanierung hebt irgendwann den gesamten Durchschnitt, zum Beispiel von Mietspiegeln. Seit sich der Staat als Moderator zurückgezogen und Kapitalanlegern und Aktienmärkten das Feld überlassen hat, gilt nur noch deren Logik von Rendite und Gewinn. Wer heutzutage auf Wohnungssuche ist, spürt die Folgen in Form von horrenden Mieten und unerreichbaren Preisen. Der Wandel im gemeinnützigen Wohnungsbau trifft uns also alle, und es lohnt sich, diese Entwicklung näher anzusehen.

Das Paradebeispiel

Als wunderbares Beispiel dient die jahrzehntelange Geschichte der Ruhrwohnungsbau Aktiengesellschaft. Gegründet 1928 »von den Wohnungsfürsorgegesellschaften der Provinzen Westfalen und Rheinland und einer Anzahl der führenden Eisen- und Stahlunternehmungen des Ruhrbezirkes, zum Zwecke der Linderung der Wohnungsnot für die minderbemittelte Bevölkerung. Das Gründungskapital der Gesellschaft betrug 100 000 Reichsmark, das auf eine Million und zuletzt auf 1 200 000 Reichsmark erhöht wurde« (Auszug aus dem Geschäftsbericht vom 31. Dezember 1928). Mit anderen Worten, die Kommunen taten sich mit Firmen wie Krupp, Klöckner und Mannesmann zusammen und stampften innerhalb eines Jahres 3000 Zwei- bis Vierzimmerwohnungen aus dem Boden, laut Geschäftsbericht »das Billigste, was heute nach wirtschaftlichen Grundsätzen an Wohnungen hergestellt werden kann«.

Trotzdem besaßen immerhin zwei Drittel ein Einzelbad, und die Miete betrug im Schnitt 97 Reichspfennige (etwa 3,80 Euro nach heutiger Kaufkraft) pro Quadratmeter und Monat. Die Gesellschaft wollte mit ihren Wohnungen überwiegend junge Arbeiter-Ehepaare anziehen und stellte im zweiten Jahr fest: »Es hat sich ergeben, dass die Dreizimmerwohnung mit Mansarde, abgesehen von der Höhe des Mietpreises, auch aus dem Gesichtspunkte heraus als vielfach zu groß angesehen werden muss, weil die Mieter nicht alle Räume bewohnen und auch nicht bewohnen können. Es hat sich im Laufe der Zeit heraus-gestellt, dass eine Wohnung dieser Größe praktisch sogar in vielen Fällen als sozial gefährlich sich auswirkt. Der Ar-beiter, der aus allerengsten Wohnverhältnissen einer Not-wohnung in eine solche Wohnung zieht, besitzt nicht die erforderlichen Möbel; er fällt damit fast zwangsläufig dem Anzahlungsgeschäft in die Hand.«[4] Fürsorge und Wirt-schaftlichkeit gingen damals bei den Gesellschaften Hand in Hand, denn ihre Perspektive war langfristig. Sie erkann-ten, dass soziale Probleme am Ende immer auch zulasten der Firmensubstanz gehen.

1929 befinden sich über eintausend dieser Wohnungen allein in Dortmund, der Rest verteilt sich über Castrop-Rauxel, Hamborn, Schonnebeck, Rheinhausen, Bergka-men, Katernberg, Bochum, Castrop-Erin, Heeren-Werve, Westrich, und Gladbeck. Anfang der Dreißigerjahre zwingt die wirtschaftliche Lage die Ruhrwohnungsbau AG zum Baustopp, ein Drittel ihrer Mieter ist arbeitslos und auch die Kurzarbeiter können sich die bisherigen Mieten nicht mehr leisten. Vierzimmerwohnungen wer-den geteilt vermietet. Die Gesellschaft senkt die Preise, pachtet Gartenland an und errichtet Hühner- und Kanin-chenställe, damit sich die Bewohner selbst versorgen kön-nen. Räumungsklagen sind an der Tagesordnung. Weltge-schichte klingt im Bericht des 5. Geschäftsjahres so: »Wenn in den vergangenen Jahren unsere Mieterschaft zu einem Teil politisch verhetzt und verbittert worden ist, so hat sich erfreulicherweise durch die nationale Erhebung unse-res Volkes im Frühjahr des Jahres 1933 ein deutlicher Um-schwung auch hier gezeigt. Die Rückkehr zur Ordnung und der Glaube an eine Wiederbelebung der Wirtschaft wirken sich bei unserer Mieterschaft allgemein günstig aus.«[5] Ab 1934 gehen Leerstände und Arbeitslosigkeit langsam zurück, und 1935 wird wieder gebaut. Im März 1942 weist der Geschäftsbericht 5173 Mietwohnungen, vier Läden, 108 Erwerbshäuser, drei Ladengebäude, eine Gastwirtschaft und einen Kinderhort aus.

Nach dem Krieg waren 30 Prozent der gemeinnützigen Wohnungen zerstört. Insgesamt fehlten allein in Westdeutschland mindestens fünf Millionen Wohnungen, vorsichtig geschätzt. Deshalb wurde 1950 das Erste Wohnungsbaugesetz erlassen, mit dem erklärten Ziel, innerhalb von sechs Jahren knapp zwei Millionen Mietwohnungen zu bauen. Dort heißt es gleich im ersten Satz: »Bund, Länder, Gemeinden und Gemeindeverbände haben den Wohnungsbau unter besonderer Bevorzugung des Baues von Wohnungen, die nach Größe, Ausstattung und Miete für die breiten Schichten des Volkes bestimmt und geeignet sind, als vordringliche Aufgabe zu fördern.«

Paragraf 2 lässt keinen Zweifel, mit welcher Priorität die Sache vorangetrieben wird, nämlich durch den Einsatz öffentlicher Mittel, durch die Übernahme von Bürgschaften, durch Steuervergünstigungen und Bereitstellung von Bauland. Die öffentliche Hand bringt alles an den Start, was ihr zur Verfügung steht. Und entscheidet sich bewusst zur Förderung von Mietwohnungen, um möglichst schnell möglichst viel Wohnraum zu schaffen. Bundeskanzler Adenauer appellierte am 24. Februar 1950 im Bundestag: »Darum möchte ich von diesem Platz und diesem Saal aus an alle in Deutschland, die es ernst mit der Wohlfahrt unseres Volkes meinen, die dringende und herzliche Bitte richten, daran mitzuhelfen, damit wir diese entsetzliche Wohnungsnot in Deutschland besiegen. Diese Bitte geht an die Länder und an die Gemeinden, sie geht an die Kirchen, sie geht an die wirtschaftlichen Unternehmungen und auch an Einzelpersonen.« Es folgen lebhafter Beifall und Händeklatschen.[6]

Wohneigentum förderte die junge Bundesrepublik nur bei Ein- und Zweifamilienhäusern, erst ab Mitte der Siebzigerjahre wurde der Kauf und Bau von Eigentumswohnungen steuerlich unterstützt. Zwischen 1980 und 1990 war der Anteil der fertiggestellten Eigentumswohnungen sogar höher als der neuer Mietwohnungen. Aber man sollte sich dadurch nicht täuschen lassen: Auch Eigentumswohnungen werden zu über 80 Prozent vermietet und ändern nichts daran, dass laut Mikrozensus 1998 die meisten Menschen in diesem Land Mieter sind. Seit hundert Jahren können sie sich dabei auf gewisse technische und bauliche Mindeststandards verlassen. Schon das Erste Wohnungsbaugesetz definierte haarklein, was 1950 zur »Normalausstattung« gehörte:

1. *Fließendes Wasser*
2. *Versorgung mit Gas, elektr. Energie oder einem von beiden*
3. *WC in oder an der Wohnung*
4. *separater Wasseranschluss außerhalb der Küche*
5. *Rauchrohranschluss in allen Zimmern abzüglich eines Zimmers, sowie in der Küche*
6. *Verputz oder ähnliche einfache saubere Wand- und Deckenbehandlung in Wohnung und Treppenhaus*
7. *einfacher Anstrich in der Wohnung*
8. *Einfachfenster (soweit klimatisch tragbar)*
9. *Beleuchtung von Treppenhäusern in Geschosshäusern*
10. *gemeinsame Waschküche und gemeinsamer Trockenraum*
11. *Kellerraum*

12. *eine Steckdose in der Küche und in den Zimmern abzüg-*
    lich eines Zimmers
13. *separate Abstellmöglichkeit für Besen, Eimer und ähnliche*
    Haushaltsgegenstände

Heute definieren die offiziellen Mietspiegel, dass mindestens eine Zentralheizung, ein Bad, durchgängig war-
mes Wasser und Laminat, Parkett oder Naturstein dazuge-
hören – sonst droht Mietabzug.

Erste Fusionen und die Folgen

Mit dem Bauboom bei den Mehrfamilienhäusern und
Großsiedlungen war auch die Ruhrwohnungsbau AG
wieder im Spiel. Sie baute, genau wie vor dem Krieg und
jetzt zusammen mit der Montanindustrie, Arbeiterwoh-
nungen.

1974 schloss sie sich mit drei weiteren gemeinnützigen
Wohnungsunternehmen zusammen. Sie wurde als »VEBA
Wohnen« Teil des gleichnamigen staatlichen Energiever-
sorgers, der heute E.ON heißt, und verschmolz schließlich
1998 zur Viterra AG. Über diese Zeit schreibt eine von
den Grünen/Bündnis 90 in Auftrag gegebene Studie:
»Durch Zusammenschlüsse (…) konzentrierte sich der
sozial gebundene Wohnungsbestand in immer größeren
gemeinnützigen Wohnungsunternehmen (…). 1990 hatten sie eine immense Bedeutung auf den Wohnungsmärkten, insbesondere in den Großstädten, wo sie bis zu einem
Drittel des Angebots stellten. Hier war ihre besondere Ver-
sorgungsfunktion (…) und ihre wichtige Rolle bei der
Mietenbegrenzung besonders deutlich.«[7]

104

Alle Mieter – ob gefördert oder auf dem freien Markt – bewohnten in Deutschland immer einen geschützten Raum. Unter anderem Mieterhöhungen, Instandhaltungen, Modernisierungen, Nebenkosten und Kündigungen sind gesetzlich geregelt und sogar das Grundgesetz besagt in Artikel 13: »Die Wohnung ist unverletzlich.« Wohnraum galt als entscheidender Faktor für den sozialen Frieden und damit als öffentliche Angelegenheit, die man nicht einfach dem freien Spiel der Kräfte überließ. Die Mieter wähnten sich in Sicherheit, die Politik kümmerte sich schon, so war das seit Generationen. Was hatte denn ihre kleine Wohnung mit den Weltmärkten zu tun?

Die Viterra AG, Tochtergesellschaft des Energieriesen E.ON, war bis August 2005 der größte Immobilieneigentümer Deutschlands. Dann wurde sie mit ihren 152 000 Wohnungen von der Deutschen Annington Immobilien Gruppe für sieben Milliarden Euro gekauft. Das war der Urknall, damit begann die Globalisierung des deutschen Immobilienmarktes im ganz großen Stil. Denn die Deutsche Annington war die Tochtergesellschaft eines britischen Private-Equity-Investors namens Terra Firma Capital Partners. Und der plante einen ganz großen Coup: Er brachte die Deutsche Annington 2013 an die Börse. Inzwischen heißt das Unternehmen Vonovia und ist mit über 350 000 Wohnungen Marktführer und DAX-Mitglied.

Diese Geschichte ist der Schlüssel, um den epochalen Wandel hin zum heutigen Immobilienmarkt zu verstehen: Die überwiegend angelsächsischen Finanzinvestoren der Nullerjahre haben den komplizierten deutschen Wohnungsmarkt aufgebrochen und mundgerecht zerteilt. Jetzt

erst konnten sich die wahren Global Player, wie beispielsweise der amerikanische Vermögensverwalter Black
Rock Inc. (größter Aktionär von Vonovia), bequem über
Aktienanteile mit deutschen Immobilien eindecken –
oder sie auch schnell wieder per Knopfdruck abstoßen,
wenn sie nicht mehr ins Portfolio passen.

Das Bundesinstitut für Bau-, Stadt- und Raumforschung in Bonn schreibt dazu in einer Analyse vom April
2017:

>>*Als es 2011 zu einer Beruhigung auf den Finanzmärk-
ten kam, nutzten viele Investoren das günstige Umfeld, um
über den Gang an die Börse aus ihren Wohnungsinvestments
auszusteigen (...). Dieser Konzentrationsprozess führt dazu,
dass die börsennotierten Immobiliengesellschaften mittlerweile
zu den größten Wohnungsunternehmen Deutschlands gehören. Ihr Bestand hat sich von 260 000 Wohnungen im Jahr
2010 auf knapp 900 000 Wohnungen zum Ende der zweiten
Hochphase im Jahr 2015 erhöht. Damit halten sie rund
11 Prozent der Mietwohnungen, die sich im Eigentum von
professionell-gewerblichen Anbietern befinden.*<<*

Was genau passiert eigentlich, wenn eine gemeinnützige
Wohnungsgesellschaft zum Spekulationsobjekt wird, wie
muss man sich die Entwicklung vorstellen? Das kann man
in Dortmund erfahren, jener Stadt, in der bis heute die
meisten der ehemaligen Ruhrwohnungsbau AG-, dann
Veba-, dann Viterra-, jetzt Vonovia-Wohnungen stehen.

Im Ortsteil Westerfilde lebt Familie Hohmann. Als sie
1980 hier einzog, hieß der Vermieter noch VEBA, und es
war für sie das Paradies. Sie waren jung, ihr erstes Kind
konnte gerade laufen, Frau Hohmann arbeitete von zu
Hause, und ihr Mann war Lastwagenfahrer für die Dort-

munder Aktienbrauerei. Ein Jahr standen sie für diese Wohnung auf der Warteliste, denn die Lage war heiß begehrt und die Anlage modern. Sie zahlten 320 Mark für 79 Quadratmeter. »Wir waren überglücklich. Es gab viele Grünflächen und Schulen, und in Westerfilde konnte man alles ohne Auto einkaufen. Da waren tolle Geschäfte«, erzählt Monika Hohmann, eine muntere 67-Jährige mit sehr gepflegten roten Haaren, die heute noch in dieser Dreizimmerwohnung lebt. Dass es dafür einmal Wartelisten gab, ist kaum zu glauben.

In Westerfilde ist jeder Fünfte arbeitslos, viele Menschen beziehen ihr Essen von der Tafel und ihre Kleidung vom Trödel. Die Modegeschäfte sind Discountern wie KiK gewichen, den täglichen Bedarf decken Netto und Penny. Auf der Hauptstraße reihen sich Spielhallen an Wettgeschäfte, das Sonnenstudio »Carisma« verspricht eine kleine Flucht. Ein älterer Herr durchsucht auf einem verwaisten Spielplatz verstohlen den Mülleimer, viele Frauen tragen Kopftücher. Der Sperrmüll auf den Grünflächen wird dreimal die Woche von einem Privatdienst abtransportiert, es sind Schränke, Sofas und sogar Kühlschränke. Von den Häusern fällt der Putz ab, auf die Rattenfallen darunter.

Monika Hohmann serviert in ihrem Wohnzimmer Brühkaffee und Apfelstreuselkuchen. Er steht auf einem Glastisch mit weißem Häkeldeckchen, gegenüber eine dunkle Schrankwand. Der Boden ist gefliest und die Wände mit silbern glänzender Strukturtapete beklebt, beides hat ihr Mann über die Jahre selbst gemacht. Auf der beigen Ledercouch sitzt Freundin Walburga Ströter. Sie ist 1977 eingezogen und kam damals nur über Beziehungen in die Wohnanlage, weil ihr Vater jemanden bei der Baugesell-

schaft kannte.»Es war toll, alles modern, dunkelblaue Fliesen im Bad, grüne in der Küche. Das hat mir sehr gefallen.« Gemeinsam bauten sich die Mieter einen Hobbyraum
aus und behängten ihn für die Kinder mit bunten Postern.
In einem anderen Raum stellten sie eine Tischtennisplatte
auf.»Wir waren unter Gleichgesinnten, lauter junge Familien mit kleinen Kindern.«Westerfilde, da sind sich die
Freundinnen einig, war vor 40 Jahren ein sehr beliebtes
Wohnviertel. Wie also konnte es so weit kommen?

Auch die »Neue Heimat«, ein Wohnungskonzern im
Besitz des Deutschen Gewerkschaftsbundes, baute hier in
den Achtzigerjahren, ihre Wohnungen galten als todschick.
Mit dem Staat schloss sie folgenden Deal: Die Wohnungsbestände für mittlere und niedrige Einkommensschichten
durften nicht verkauft werden, und die Mieten mussten
bezahlbar bleiben. Im Gegenzug gab es handfeste Steuer-
vorteile. So wollte es das seit den Vierzigerjahren geltende
Wohngemeinnützigkeitsgesetz. Es förderte private Investoren, den Werkswohnungsbau, kommunale Eigentümer
oder Genossenschaften, die maximal eine kostendeckende
Miete erhoben und die Rendite begrenzten.

Doch dann ereignete sich ein Skandal, der die westdeutsche Republik monatelang beschäftigte: Es kam heraus, dass sich Vorstandsmitglieder der »Neuen Heimat« in
großem Stil bereichert hatten und der Konzern durch das
Missmanagement über 755 Millionen Mark (387 Millionen Euro) Verluste eingefahren hatte. Für manche Politiker, aber auch Kommunen und Wohnungsgesellschaften
war das ein willkommener Anlass, das ganze System in-
frage zu stellen. Viele ihrer geförderten Wohnanlagen waren im Laufe der Jahre marode geworden und hätten demnächst aufwendig saniert werden müssen. Ein Gutachten

des Bundesfinanzministers Gerhard Stoltenberg (CDU) mäkelte 1985, das Wohngemeinnützigkeitsgesetz sei eigentlich entbehrlich und koste den Staat nur Geld. Der Wohnungsmarkt sei schließlich ausgeglichen und die Wohnungsnot beendet. 1989 schließlich starb die über hundert Jahre alte Idee den politischen Tod, das Gesetz wurde abgeschafft.

»Die Abschaffung der Gemeinnützigkeit war ein ganz entscheidender Schritt«, befindet Rainer Stücker vom Dortmunder Mietverein, »denn ab jetzt konnten unsere Bestände auf dem Markt frei gehandelt werden.« Der Abverkauf begann in kleinen Häppchen, es waren Grüße aus der Küche. Die Mieter merkten zunächst nicht, dass man sie dem freien Markt zum Fraß vorgeworfen hatte. Die ersten Wohnungspakete gingen Ende der Neunzigerjahre an private Unternehmen.

Für Mieterin Walburga Ströter war es der Beginn des Abstiegs: »Mit den Verkäufen hat sich hier alles gravierend verändert. Die Hausverwaltungen wechselten ständig, für Reparaturen war niemand erreichbar. Im Winter vereisten die Fenster so sehr, dass ich sie nur mit einem Föhn öffnen konnte.« Ihre Freundin Monika Hohmann ergänzt: »Es wurde einfach gar nichts mehr gemacht, am Ende hatten wir fingerdicke Risse in den Wänden, und in manchen Häusern wurde der Fahrstuhl abgestellt. Und dann kamen noch falsche Nebenkostennachforderungen von 3000 Euro!«

Das bestätigt auch Birgit Zoerner, die Sozialdezernentin der Stadt Dortmund. »Das waren Unternehmen, die das ausschließlich wegen der Rendite gekauft haben. Man hat sich weder um den Erhalt gekümmert noch um die Weiterentwicklung noch um die Mieterstruktur. Das führte zu vielen Problemen, und das strahlte aus in das Quartier.«[8]

Der Schildbürgerstreich

Ausgerechnet die SPD-geführte Bundesregierung von Gerhard Schröder ebnete schließlich den Weg für den Totalausverkauf: Sie schaffte die Versteuerung von Gewinnen aus Unternehmensverkäufen ab. Dieses »größte Geschenk aller Zeiten«[9] versteckte sich in der Unternehmenssteuerreform aus dem Jahr 2000. Damals stand Deutschland wirtschaftlich schlecht da, und Rot-Grün, knapp zwei Jahre im Amt nach 16 langen Jahren in der Opposition, wollte beweisen, dass sie es konnten. Niemand traute den Sozis und den »Chaoten« ökonomische Kompetenz zu.

Der hysterische Zickenkrieg, der alsbald ausbrach zwischen »Koch« und »Kellner« alias Gerhard Schröder und Oskar Lafontaine, schien die Zweifler zu bestätigen. Lafontaine hatte nach nur 146 Tagen sein Amt als Finanzminister beleidigt hingeschmissen. In einer hastig einberufenen Krisensitzung überlegten der herbeigejoggte Grünen-Chef Joschka Fischer (in kurzen Hosen und Baseball-Kappe) und Staatssekretär Frank-Walter Steinmeier, wer sich als Nachfolger eignen könnte. Sie kamen auf den Deutschlehrer und ehemaligen Ministerpräsidenten von Hessen, Hans Eichel.

»Du musst das Finanzministerium übernehmen, du musst nach Bonn kommen.« So erinnert sich Eichel an den Anruf von Gerhard Schröder. Er lebt heute wieder in Kassel, in einer ruhigen Seitenstraße in Wilhelmshöhe im ersten Stock einer schmucklosen Villa. Kaum gealtert sitzt er auf einem roten Samtsofa, überraschend klein. Dass es krachen würde, damals, das hatte er geahnt. Die Körperhaltung der vergangenen Sitzungen sprach Bände, Schröder und Lafontaine redeten überhaupt nicht mehr miteinander, sondern nur übereinander und in der dritten Person. »Da war klar, zwischen denen lief nichts mehr.« Um Viertel vor sechs desselben Tages saß er dann beim Kanzler, »um halb acht sagte Schröder: Ich muss runter zur Tagesschau. Machst du's jetzt oder nicht? Da hab ich spontan ja gesagt. Der Schreck kam dann später.«

Hans Eichel gilt als wirtschaftsnah, genau wie sein Regierungschef, der »Genosse der Bosse«. Gemeinsam arbeiten sie nun an einem »großen Wurf« (Schröder). Im Dezember 1999 stellen Finanzminister und Kanzler in der Bundespressekonferenz die geplante Unternehmenssteuerreform vor. Auf Seite 12 der Pressemitteilung findet sich folgender Satz: »Gewinne aus der Veräußerung von Anteilen, die eine Kapitalgesellschaft an einer anderen Kapitalgesellschaft hält, sind nicht steuerpflichtig.«

Mit anderen Worten, Aktienbestände und deren Wertzuwächse lassen sich steuerfrei versilbern – in unbegrenzter Höhe. Es ist eine Bombe, und keiner merkt es. »Wir haben es auch nicht hochgehängt, dass Beteiligungsveräußerungen jetzt einfacher waren«, sagt Eichel heute. Nach einer Stunde und 52 Minuten geht die Pressekonferenz zu Ende, ohne dass dieser Punkt erwähnt wird – auch nicht von den Journalisten.[10] Keiner der Parlamentskorrespondenten scheint die Tragweite zu begreifen, vielleicht verfügen sie auch einfach nicht über genug Wirtschaftsverständnis oder haben sich nie die Mühe gemacht, bis Seite 12 zu blättern.

Doch als das Gesetz im Sommer 2000 verabschiedet

wird, erreicht es auch die Profis an der New Yorker Wall Street. Die wollen die Meldung zunächst gar nicht glauben. »Keine Steuern auf Gewinne aus Aktienpaketen oder beim Verkauf von Tochtergesellschaften?«, fragt angeblich ein nächtlicher Anrufer von der Investmentbank Goldman Sachs den damaligen Referenten des Finanzministers, Jörg Asmussen.[11] Die Bestätigung lässt den deutschen Aktienindex Dax um 4,5 Prozent in die Höhe schießen.

Was die Börsianer sofort begriffen, dämmerte den Sozialdemokraten offenbar erst Jahre später. Sie wurden selbst dann nicht misstrauisch, als die Konzernchefs sie mit Lob überhäuften – versteckten sich in deren Bilanzen doch Milliarden an Schätzen, die sie jetzt steuerfrei heben konnten. Zum einen lag zwischen Verabschiedung und Inkrafttreten des Gesetzes ein halbes Jahr Zeit. Man konnte also Verluste aus Veräußerungen von Beteiligungen noch schnell geltend machen und mit den Gewinnen die Reform abwarten. Zum anderen wurde eine hohe einmalige Dividende attraktiv, denn die Unternehmen bekamen dadurch steuerliche Rückerstattungen. »Natürlich haben wir Planspiele durchgeführt«, sagt der damalige Finanzminister Eichel. »Aber wir haben nicht mit der Wirtschaftskrise gerechnet, derentwegen die Unternehmen all ihre Gewinne auf einmal ausschütteten, um vom Staat die Körperschaftssteuern zurückzuholen.«

Erst beim Kassensturz nach Inkrafttreten des Gesetzes im Jahr 2001 wurde dann die grandiose Fehleinschätzung offensichtlich. Durch die neue Regelung mussten die Finanzämter den Firmen Unsummen zurückzahlen, die Körperschaftssteuern der Kapitalgesellschaften brachen praktisch komplett weg, und Veräußerungsgewinne blieben unbesteuert. Die Zauberlehrlinge aus der SPD hatten

112

ihren eigenen Steuerpakt nicht verstanden, und das kostete den Fiskus jetzt rund 24 Milliarden Euro. Fast trotzig sagt Hans Eichel dazu: »Wir mussten diese Steuerreform durchführen, wir hätten sonst gegen EU-Recht verstoßen. Sie war steuersystematisch zwingend.«

In einem Punkt war die Unternehmenssteuerreform der rot-grünen Regierung tatsächlich so erfolgreich wie geplant. Sie beschleunigte die Entflechtung der viel kritisierten sogenannten »Deutschland AG« mit ihren weitverbreiteten gegenseitigen Beteiligungen von Industriekonzernen, Versicherern und deutschen Banken. Weil alle Beteiligungsverkäufe billiger und einfacher geworden waren, wurden auch die Käufe attraktiver. Das sprach sich schnell herum auf dem deutschen Wohnungsmarkt.

Plötzlich schien er viel interessanter, besonders international. »Die Angebote der ausländischen Investoren waren gar nicht schlecht. Und es war en vogue zu verkaufen«, erinnert sich Eichel. Thyssenkrupp konnte sich auf einen Schlag steuerfrei aller Werkswohnungen entledigen. E.ON verkaufte die Viterra AG an den britischen Investor. Und die Kommunen nutzten die Gelegenheit, sich durch die Privatisierung ihrer Wohnungsbaugesellschaften zu entschulden, denn die Investoren griffen im neuen Steuerparadies gern zu.

Ihr Plan lautete, die Renditen schnell über die Mieten zu steigern. Und dann teurer weiterzuverkaufen – natürlich steuerfrei. »Die Politiker haben nicht begriffen, welche Auswirkungen das auf den Wohnungsmarkt haben würde. Alle waren im Privatisierungswahn und konnten das Tafelsilber gar nicht schnell genug verscherbeln«, sagt Rainer Stücker vom Dortmunder Mieterbund. Stimmt. Hans Eichel sieht bis heute keinerlei Zusammenhang.

113

Der Verkauf von großen Wohnungsbeständen zog nach der Reform rasant an. Dresden war die erste Stadt, die der Versuchung erlag und sich radikal aller Altlasten entledigte. 48 000 Wohnungen der Dresdener Woba gingen für 1,75 Milliarden Euro an den Investor Fortress. Auch Freiburg verkaufte 8000 Wohnungen für 500 Millionen Euro, Zwickau 3000 Wohnungen, Kiel 11 000. Die Bayerische Landesbank trennte sich im Zuge der Finanzkrise von 32 000 Sozialwohnungen, um faule Kredite in einem Bankenskandal zu bedienen. Berlin verhökerte 70 000 Wohnungen für ganze 405 Millionen Euro an die amerikanischen Finanzinvestoren Zerberus und Whitehall, insgesamt verkaufte die Stadt über 300 000 Einheiten. Das Land Schleswig-Holstein schlug 22 000 Wohnungen los, Frankfurt 14 500. Bis der Tsunami vorbei war, hatte sich die öffentliche Hand in Deutschland von über einer Million Wohnungen verabschiedet, die Hälfte ging an ausländische Investoren.[12]

Ein weiterer Brandbeschleuniger bei der Vernichtung des sozialen Wohnungsbaus war die Föderalismusreform von 2006. Sie machte ihm endgültig den Garaus. Damals zog sich der Bund zurück, die Länder sollten ihren sozialen Wohnungsbau selbst verantworten. Seither zahlt der Bund den Ländern zwar jährlich Fördergelder in Höhe von 518 Millionen Euro, doch die wurden längst nicht nur für den Wohnungsbau verwendet, sondern stopften alle möglichen Haushaltslöcher.

Seit 2016 fließen jährlich sogar eine Milliarde Euro. Trotzdem schmilzt die letzte Bastion zwischen den Geringverdienern und dem freien Markt jedes Jahr um 100 000 Wohnungen, die aus der Sozialbindung fallen. Die

Misere ist also durchaus hausgemacht, und Landespolitiker müssen sich die Frage gefallen lassen, was sie sich eigentlich dabei gedacht haben. Inzwischen gibt es bundesweit gerade noch 1,5 Millionen Sozialwohnungen. Gebraucht würden laut einer Studie des Eduard-Prestel-Instituts mindestens 5,6 Millionen.

Zu glauben, dass der Staat besser fährt, wenn er den Wohnungsmarkt sich selbst überlässt, war eine Milchmädchenrechnung. Heute beträgt der Aufwand für das Wohngeld 1,5 Milliarden Euro, und mit den Kosten der Unterkunft einschließlich der Grundsicherung werden jährlich 15 Milliarden ausgegeben. Die Abschaffung des Wohngemeinnützigkeitsgesetzes hat wesentlich zur massiven Steigerung der Mieten des Wohnungsbestands und somit zu Mehrausgaben für die Kosten der Unterkunft bedürftiger Personen beigetragen.[13]

»Abwärts geht's schnell«

In Dortmund-Westerfilde suchten inzwischen die ersten Mieter das Weite. Die zunehmende Verwahrlosung infolge des neuen englischen Eigentümers und der daraus folgende Auszug der Bewohner verstärkten sich gegenseitig, bis die Leerstände in manchen Häusern auf über 80 Prozent kletterten. Es kamen Menschen aus der ehemaligen Sowjetunion, »die bleiben lieber unter sich«, sagt Mieterbeirätin Monika Hohmann. Dutzende Leiharbeiter quartierten sich ein auf engstem Raum und wurden alle drei Monate von neuen ersetzt. »Unsere Nachbarn sind jetzt nur noch Leute, die zufällig neben uns wohnen.« Schließlich, so erzählt es Frau Hohmann, »wurde an jeden vermietet, der nicht mit Haftbefehl gesucht wurde«. Der Stadtteil verlor nicht nur seine Einwohner, seine Kaufkraft und seine Geschäfte. Er verlor vor allem seinen guten Ruf.

Ab Mitte 2007 türmten sich beim Amt für Wohnen und Stadterneuerung Beschwerden aus ganz Dortmund. Überall, wo Investoren zugeschlagen hatten, klagten die Mieter über Reparaturstau, Vandalismus und Vermüllung. »Das war für uns ein völlig neues Phänomen«, erinnert sich Amtsleiter Thomas Böhm. »Solch eine Art von Bewirtschaftung kannten wir gar nicht. Die Hausmeister, die früher im Quartier für Ordnung sorgten und jeden persönlich kannten, waren auf einmal weg. Die Firmensitze befanden sich im Ausland, wir mussten richtig recherchieren, wer eigentlich die Ansprechpartner sind.« Die Schreiben der Stadt blieben unbeantwortet, und dauernd gab es neue Eintragungen im Grundbuch. »Die haben alles getan, um unsere Mahnungen und Fristen zu verschleppen.« Innerhalb von zwei Jahren stand ein Fünftel dieser Wohnungen leer.

Familie Hohmanns »Heuschrecke« hieß Griffin, ein dänischer Immobilienfonds, der 2006 rund 5000 Wohnungen in Nordrhein-Westfalen aufkaufte. Die Herangehensweise war für Deutschland damals sehr ungewöhnlich: Man »optimierte« die Wohnungen, zum Beispiel durch Kostenminimierung oder Mieterhöhung, und verkaufte sie möglichst schnell gewinnbringend weiter. Rainer Stücker vom Dortmunder Mieterverein: »Klassische Immobilienunternehmen sind immer davon ausgegangen, die Bestände zu halten, sie wollten mit dem Vermieten Geld verdienen. Der Finanzinvestor hübscht die Bilanz nur irgendwie auf und verkloppt das Ding spätestens nach drei Jahren weiter.«

Die Besitzverhältnisse der großen Wohnungsbestände in Dortmund, insgesamt rund 75 000 Wohnungen, ändern sich ab 1989 grundlegend. Gehörten sie damals noch zu fast 100 Prozent gemeinnützigen Wohnungsunternehmen oder der Kommune, sind es heute überwiegend Finanzinvestoren und Aktiengesellschaften. Probleme durch die neuen Eigentümer gibt es nicht nur in Dortmund, ganz Nordrhein-Westfalen ist davon betroffen. So sehr, dass sich 2012 eine Enquete-Kommission des Landtags namens »Wohnungswirtschaftlicher Wandel und neue Finanzinvestoren auf den Wohnungsmärkten in NRW« dem Thema widmete. Fazit: Mieter von Finanzinvestoren klagen überdurchschnittlich oft über steigende Mieten, Probleme mit der Hausgemeinschaft und bauliche Mängel. Kommunen beurteilen die Zusammenarbeit als schlecht und sehen sich den Auswirkungen gegenüber machtlos, obwohl sie sogar versuchen, die Immobilien selbst zu kaufen.

In dem Gutachten der Enquete-Kommission finden sich auch interessante bundesweite Zahlen. Zwischen 1999 und 2010 wurden in Deutschland rund zwei Millionen Wohnungen gehandelt, fast die Hälfte stammte aus öffentlicher Hand. Seit 2010 werden diese Pakete zwischen den internationalen Finanzinvestoren und Aktiengesellschaften munter hin und her verkauft.

Und genauso herumgeschubst fühlen sich auch die Mieter. Monika Hohmann war zweimal zu Gast bei der Enquete-Kommission, um ihre Sicht der Dinge zu schildern. Sie erzählte von Drohungen gegen alte Menschen, von Prostitution in den Wohnungen, von dreckigen Spielplätzen und zugekoteten Kellerräumen. Am Ende fragte man sie: »Um Himmels willen, warum wohnen Sie da noch?« Ihre Antwort lautet bis heute: »Warum sollen wir ausziehen, und die bleiben hier? Nö!«

Die Roma kamen im Sommer vor sechs Jahren, Frau Hohmann beobachtete die Großfamilie bei ihrem Umzug mit der Straßenbahn. Der Clan wohnte in zwei Gebäuden. Die Kinder gingen nicht zur Schule und bewarfen andere Mieter mit Steinen, die Erwachsenen sammelten Schrott und plünderten Kleider-Container. »Die meisten hier sind lieber einen großen Umweg gelaufen, als an diesen Häusern vorbeizugehen.«

Auch die Enquete-Kommission schreibt damals von »eklatanten Entwicklungen, die das Bewohnen der Häuser untragbar erscheinen lassen«. Und: »Aufgrund des schlechten Außenimages finden laut Experten Bewerbungen von Westerfilder Schülern kaum bis gar keine Berücksichtigung.«

Die Zustände lenken die Aufmerksamkeit der Rechtsradikalen auf den Ort. Ihre Aufmärsche begannen vor ungefähr vier Jahren, und zuerst kamen sie noch von außerhalb. Bei einer Bürgerversammlung stellte sich ein junger Mann namens Dennis Giemsch vor. Er bot an, eine Bürgerwehr zu gründen, »als Deutscher kann man nicht dulden, dass Westerfilde immer mehr vermüllt«. Giemsch gilt als intellektuelle Spitze der Dortmunder Rechten, und an jenem Abend fand er offenbar Zustimmung.[14] Bei den letzten Kommunalwahlen holten die Rechtsextremen in Westerfilde 13,5 Prozent.

Seit 2013 wechselte die Siedlung noch dreimal den Besitzer. Zunächst ging sie an einen weiteren Finanzinvestor, Coreestate Capital Partners mit Sitz in der Schweiz. Deren Gewinnoptimierung besteht darin, sogenannte gekippte Wohnbestände zu drehen, um sie dann innerhalb von

118

zwei bis fünf Jahren wieder weiterzuverkaufen. Sie schickten als erste Maßnahme einen Sicherheitsdienst, der Tag und Nacht patrouillierte, immer zu dritt und mit Schäferhund. Als sich die Austräger des Wochenblatts endlich wieder in die Mietskasernen wagten, verkaufte Core Estate Capital an die Wohnungsgesellschaft Gagfah, und die wurde prompt geschluckt von der Deutschen Annington – alias Vonovia, dem Dax-Unternehmen.

Die Übernahme des Wohnungskonzerns Gagfah war übrigens einer der berüchtigten Share Deals, bei dem juristisch keine Immobilien, sondern Unternehmensanteile den Besitzer wechseln. Dadurch griff weder das gesetzlich verankerte Vorkaufsrecht der Stadt noch floss auch nur ein Cent Grunderwerbssteuer. Nordrhein-Westfalen dürften rund 200 Millionen Euro Steuern entgangen sein.

Der Mann, der zuletzt die Wohnungen von Monika Hohmann und Walburga Ströter kaufte, heißt Rolf Buch. Er ist Vorstandsvorsitzender der Vonovia, ein kleiner, energiegeladener Mann Anfang fünfzig mit verschmitztem Grinsen. Bis zu seinem Wechsel 2013 war er bei Bertelsmann und hatte von Immobilien wahrscheinlich keine Ahnung. Aber die schrumpfende Verlagsbranche Richtung boomenden Immobilienmarkt zu verlassen, war auf jeden Fall eine gute Idee. Die Vonovia ging kurz nach seinem Amtsantritt an die Börse und steigerte ihren Wert seither um rund 150 Prozent. Zum Geheimnis seines Erfolgs sagt Buch: »Wir haben einen Algorithmus zur Berechnung von Mietentwicklungen gefunden, eine geheime Rezeptur, sozusagen die Coca-Cola-Formel der Immobilienbranche.«

Auf Nachfrage verrät er immerhin, es habe etwas mit

Demografie und Einkommen zu tun. Vonovia kauft dort, wo die Menschen mindestens nicht wegziehen werden und voraussichtlich bald mehr verdienen. »Wir haben uns in die Städte gesetzt, in die der Schwarm zieht«, sagt er.

Diese Annahme könnte die Rettung von Westerfilde sein. Die Aussichten der Stadt Dortmund sind offenbar so vielversprechend, dass die Vonovia jetzt über 23 Millionen Euro in die Sanierung ihrer Wohnanlagen steckt. Auf die ramponierten Fassaden pinselt sie großflächig Motive von berühmten Malern wie Monet, van Gogh oder Klimt. Das Image der Mietheuschrecke will der Konzern unbedingt abschütteln. Die kurzfristige Maximierung der Rendite sei auf Kosten »folgenschwerer Wohnungsmängel mit der Folge anhaltender und reputationsschädigender Mieterbeschwerden« gegangen, bekannte das Unternehmen. Die neue Marschrichtung lautet kaufen und halten – wie einstmals üblich beim Mietwohnungsbau. Die guten alten Zeiten sind es natürlich trotzdem nicht.

Das Dax-Unternehmen muss Rendite machen, und seine Modernisierungskosten darf es bis zu 11 Prozent in Form einer Mieterhöhung weitergeben. Das bedeutet, dass nach neun Jahren die gesamten Kosten von den Mietern bezahlt sind und die neuen, höheren Mieten danach ein dauerhaftes Plus ergeben. (Laut Koalitionsvertrag soll sich das ändern auf 8 Prozent der Modernisierungskosten und nicht mehr als 3 Euro Mieterhöhung pro Quadratmeter.)

Stefan Kofner, Professor für Wohnungs- und Immobilienwirtschaft an der Hochschule Zittau/Görlitz, untersucht börsennotierte Wohnungskonzerne. Er nennt den Umlegesatz bei den derzeitigen Zinsen »eine Lizenz zum Gelddrucken«. In seinen Studien stellte er fest, dass nach dem Börsengang systematisch immer alle Renditehebel in Bewegung gesetzt werden. »Die Vonovia zum Beispiel hat die Modernisierung als neuen Mieterhöhungskanal entdeckt und verspricht jetzt Investoren sieben Prozent Ertrag. Das ist eine konkurrenzlose Kapitalanlage.« Das Unternehmen befördert damit massenweise Wohnungen vom billigen Marktsegment in das mittlere, und als Nebeneffekt steigert es den Mietspiegel für das gesamte Viertel.

Der Algorithmus von Herrn Buch behauptet, dass die Westerfilder sich das leisten können. Frau Hohmann zahlt jetzt statt 500 Euro Miete pro Monat 620 Euro, 25 Prozent mehr als zuvor. Ihre Nachbarn sind immer noch problematisch. »Abwärts ging's ganz schnell, aber der Aufstieg von unserem Viertel wird noch viele Jahre dauern«, sagt sie.

5 WAS KÖNNEN WIR TUN? – HÄSSLICHE SOZIALWOHNUNGEN UND SCHICKE ZWEITWOHNUNGEN

In den Zeiten des Neoliberalismus wurde entschieden, es sei das Beste, dass sich der Staat aus allem heraushält. Aber das geht nicht, wenn er sich vorher hundert Jahre lang in alles eingemischt und gezielt ein Volk von Mietern gefördert hat. Die Politik hat bei uns mehr als anderswo die Verantwortung, sich um das Wohnen zu kümmern, es galt in Deutschland nämlich schon seit der Weimarer Republik als gesellschaftliche Aufgabe. Und da Menschen nicht in ein Vakuum geboren werden, ist es zu Recht ihre Erwartungshaltung, dass man sie vor dem freien Spiel der Kräfte schützt.

Wer die Auswirkungen eines unkontrollierten Marktes sehen will, kann nach Amerika blicken. Der Soziologe Matthew Desmond hat dort 83 Millionen (sic!) Räumungsklagen ausgewertet und den freien Mietmarkt als die Armutsfalle schlechthin ausgemacht, aus der dann auch Kinder nie wieder herauskommen. Sein Buch

Zwangsgeräumt wurde 2016 mit dem Pulitzerpreis ausgezeichnet, Bill Gates und Barack Obama haben es auf ihre Liste der wichtigsten Bücher gesetzt.

»Sozialer Frieden« klingt schrecklich muffig und antiquiert, ergibt aber einfach Sinn. Die volkswirtschaftlichen Kosten großer Verwerfungen auf dem Wohnungsmarkt sind mit Sicherheit höher als die Kosten für planvolles Eingreifen im Vorfeld.

Sozialwohnungen?

Genau bei dieser Planung ist in den vergangenen Jahren irgendetwas schiefgelaufen. In Deutschland fehlen schon auf dem freien Markt eine Million Wohnungen, und es müssten jährlich 400 000 gebaut werden, um nicht noch tiefer ins Minus zu rutschen. Den Druck spüren alle durch steigende Mieten und Preise. Aber während die oben einfach mehr bezahlen und die in der Mitte vielleicht enger zusammenrücken, trägt es die unten aus der Kurve.

In fünf Berliner Vierteln zum Beispiel bezahlen Durchschnittsverdiener bereits über 40 Prozent ihres Einkommens für die Miete. In München gab es 2007 noch 2534 Wohnungslose, 2017 waren es 9000 (Stadt München). Bundesweit stieg die Zahl der Wohnungslosen zwischen 2014 und 2016 um 150 Prozent. Wäre es eine Lösung, jetzt schnell in Sozialwohnungen zu investieren? Union und SPD wollen jedenfalls Milliarden dafür bereitstellen.

Es gibt Fachleute, die das für reine Geldverschwendung halten. Kurzfristig ändert sich dadurch nichts, und langfristig hat man mit Sozialwohnungen nicht nur gute Erfahrungen gemacht. Zum Beispiel ziehen Menschen zwar arm ein, bleiben es aber vielleicht nicht. Dann kommt es zu einer sogenannten Fehlbelegung, deren Quote in der Vergangenheit schon bei 42 Prozent lag. Fast die Hälfte dieser Sozialwohnungen wird also von Menschen bewohnt, die sich eigentlich mehr Miete leisten könnten und auf Kosten der Allgemeinheit leben, die diese Wohnungen finanziert hat.

Industrienahe Experten plädieren daher gern für ein höheres Wohngeld. Damit würde man gezielt Menschen fördern und nicht hässliche Wohnungen an Orten, wo keiner hinwill. Subjektförderung (Mensch) statt Objektförderung (Immobilie) nennt man das. Das Frühjahrsgutachten der Immobilienwirtschaft warnt sogar ausdrücklich vor großen Sozialwohnungsprogrammen:

»Für besonders gefährlich halten wir Mengenvorgaben der Politik, wie zum Beispiel in Berlin. Die kommunalen Wohnungsbaugesellschaften sind hier darauf verpflichtet worden, ihren Wohnungsbestand durch Neubau und insbesondere Bestandskäufe um gut 100 000 Wohnungen zu erhöhen. Nicht nur, dass dies angesichts der überhöhten Preise hochspekulative Investitionen sind, die sich als Fehlinvestition mit öffentlichen Geldern herausstellen können. Noch ärgerlicher ist es, dass eine solche Politik die Preisspirale weiterdreht und es den Rückgang der Preise für Wohnungen und Wohnungsbauprojekte verzögert, wenn das Land Berlin zum ›Buyer of last Resort‹ wird.«

Harald Simons vom Forschungsinstitut Empirica gibt zu bedenken, dass 50 bis 60 Prozent aller städtischen Haushalte einen Anspruch auf geförderte Wohnungen hätten. »Und von denen gewinnen dann 5000 ein Los, und alle anderen gehen leer aus. Das ist auch ungerecht.« Auch er empfiehlt, den Markt sich selbst zu überlassen und Einkommensschwache direkt zu unterstützen.

Die Frage nach Sozialwohnungen wird ziemlich genau entlang der zu erwartenden Lager diskutiert. Linke und Grüne fordern sie, die Rechten und die Bauwirtschaft lehnen sie ab. Und für beide Seiten gibt es viele gute Argumente. Sie hier alle darzulegen, würde den Rahmen sprengen, zumal sich Bund und Länder erst einmal einigen müssen, wer eigentlich in Zukunft zuständig sein soll.

Unstrittig ist hingegen, dass in den angespannten Märkten etwas passieren muss, um auch Normalverdienern wieder eine normale Miete zu ermöglichen.

Baugrund

Der Deutsche Städtetag plädiert für eine Abkehr von der bisherigen Praxis, öffentliche Flächen meistbietend zu verkaufen. Wenn Höchstpreise für die Grundstücke bezahlt werden, bleibt Bauträgern gar nichts anderes übrig, als Luxuswohnungen zu errichten, damit sich die Investition lohnt. Und laut Bundesinstitut für Bau-, Stadt- und Raumforschung sind diese Grundstückskosten derzeit unser größtes Problem. Bei einem neuen Haus gehen inzwischen bis zu 70 Prozent des Budgets dafür drauf, in den großen Städten durchschnittlich 30 bis 40 Prozent.

Die Preise für Bauland sind in den vergangenen Jahren so enorm gestiegen, dass die Spekulation damit größeren Gewinn verspricht, als tatsächlich zu bauen. Das Land wird gehortet und liegt brach. *Landbanking* nennen Experten dieses Phänomen. Es wird finanziell sogar gefördert, denn der Staat besteuert unbebautes Land niedriger als bebautes. Die Forderungen nach einer Umkehr dieser Logik werden lauter, ausnahmsweise sogar sowohl vonseiten der Industrie als auch der Politik.

Hans-Jochen Vogel, ehemals Oberbürgermeister von München, hat »Sorge, dass wir die Dinge weiter treiben lassen und damit die soziale Kluft in unserem Lande noch weiter verbreitern«. Er rechnet vor, dass die Grundstückspreise in München seit 1950 um 69000 Prozent gestiegen sind. Damals kostete Bauland (erschlossen und baulich nutzbar) sechs D-Mark, rund drei Euro, heute sind es 2100 Euro. Das, sagt er, läge vor allem an der gestiegenen Attraktivität der Stadt, der Lage, den Jobs, der funktionierenden Infrastruktur, der Versorgung mit Schulen und Universitäten. Nichts von alledem haben Grundstücksbesitzer erarbeitet, es ist ihnen in den Schoß gefallen.

Auch bundesweit sind von 1962 bis 2015 die Baulandpreise um 1600 Prozent gestiegen, der normale Preisindex hingegen nur um 302 Prozent – eine Entwicklung, die bereits Anfang der Siebzigerjahre abzusehen war. Der Münchner Stadtrat unter Oberbürgermeister Vogel forderte im März 1972 vom Bund die Einführung einer Bodengewinnsteuer und die Abschöpfung der Planungsgewinne. Wenn Wertminderungen durch Planungsentscheidungen entschädigt werden müssten, dürften auch Wertsteigerungen nicht beim Eigentümer verbleiben. Selbst der damalige CSU-Chef Franz Josef Strauß sagte: »Die Grundstückspreise steigen in einem Maße, dass es nicht zu verantworten ist, diese Gewinne unversteuert in die Taschen weniger fließen zu lassen.« Passiert ist nichts.

»Im Gegensatz zu damals gibt es heute aber noch nicht einmal eine öffentliche Diskussion darüber«, schreibt Vogel in einem Gastbeitrag für die *Süddeutsche Zeitung*. Es sei sogar im Laufe der Zeit der Eindruck entstanden, dass man damit eben leben müsse. »Aber ich sträube mich dagegen, dass das Gemeinwohl auf diesem Gebiet vor der Macht des Marktes kapituliert«, so der 91-jährige SPD-Politiker. Das Thema müsse ganz rasch zurück auf die politische Tagesordnung. »Grund und Boden ist keine beliebige Ware, sondern eine Grundvoraussetzung menschlicher Existenz. Er ist unvermehrbar und unverzichtbar, (…) jeder braucht ihn in jedem Augenblick seines Lebens wie das Wasser oder die Luft.«[1]

Das Bundesverfassungsgericht beschloss vor fünfzig Jahren am 12. Januar 1967 (BVerfGE 21,73/86):

»Die Tatsache, dass der Grund und Boden unvermehrbar und unentbehrlich ist, verbietet es, seine Nutzung dem unübersehbaren Spiel der Kräfte und dem Belieben des einzelnen vollständig zu überlassen: eine gerechte Rechts- und Gesellschaftsordnung zwingt vielmehr dazu, die Interessen der Allgemeinheit in weit stärkerem Maße zur Geltung zu bringen als bei anderen Vermögensgütern. «

Und dann folgt ein aus heutiger Sicht revolutionär anmutender Satz: »Es liegt hierin die Absage an eine Eigentumsordnung, in der das Individualinteresse den unbedingten Vorrang vor den Interessen der Gemeinschaft hat.«

Ausgerechnet in der Bayerischen Verfassung heißt es in Artikel 161, Absatz 2: »Steigerungen des Bodenwertes, die ohne besonderen Arbeits- oder Kapitalaufwand des Eigentümers entstehen, sind für die Allgemeinheit nutzbar zu machen.«

Immerhin: Am 9. April 2018 entschied das Bundesverfassungsgericht, dass die derzeitige Bemessung der Grundsteuer ungerecht und verfassungswidrig ist. Bis spätestens 2024 hat die Politik nun Zeit, neue Regeln umzusetzen. Manche hoffen auf ein grundsätzliches Umdenken.

Tausche Baugenehmigung gegen geförderten Wohnraum

Kann es sein, dass Deutschland im Privatisierungswahn seine eigenen Interessen aus den Augen verloren und das Kind mit dem Bade ausgeschüttet hat? Manche Kommunen denken jedenfalls auf einmal wieder über eigene Wohnungsgesellschaften nach. Ein Beispiel ist Ulm. Die Stadt besitzt 45 Quadratkilometer Bauland und entscheidet selbst, zu welchen Konditionen sie es bebauen lässt. Das erlaubt der Ulmer Wohnungs- und Siedlungsgesellschaft (UWS) mitten im Zentrum Wohnungen zu schaffen und durchschnittlich nicht mehr als 7,50 Euro Miete pro Quadratmeter zu verlangen. Die Menschen, die öffentliches Leben überhaupt erst möglich machen, nämlich Erzieherinnen, Feuerwehrleute, Polizisten oder Pflegekräfte, können so auch in ihrer eigenen Stadt wohnen.

Die Schwaben sind radikal: Sie weisen erst neues Bauland aus, wenn alle Grundstücke in eigener Hand sind. Der Gemeinderat entscheidet, an wen sie dann wieder zu welchem Preis abgegeben werden. Ulm hat allein in den vergangenen Jahren rund 31 Hektar Land zusammengekauft und macht das übrigens seit hundert Jahren so. Ganz nebenbei wurde die Stadt dadurch auch noch reich.

In München gibt es immerhin seit 24 Jahren die sogenannte sozialgerechte Bodennutzung, die von Bauträgern verlangt, dass sie 40 Prozent geförderte Wohnungen bauen.

Den Bebauungsplan gewinnt das beste Konzept und nicht der höchste Preis, den jemand bereit ist, für Bauland zu bezahlen.

Daraus erwachsen aber auch krasse Gegensätze innerhalb ein und derselben Wohnanlage, wie zum Beispiel auf dem ehemaligen Gelände der Paulaner-Brauerei in der Münchner Au. Dort entstehen 1500 Wohnungen, ein Drittel davon mit reduzierter Miete und 10 Prozent geförderte Eigentumswohnungen. Der Rest wird für sagenhafte 10 000 bis 20 000 Euro pro Quadratmeter verkauft und geht weg wie warme Semmeln. Auf die Unterhaltungen der Bewohner im Hof darf man gespannt sein.

In Frankfurt steigt der Druck durch den Brexit. Bei den Neuvermietungen ist die Stadt gerade zur drittteuersten in Deutschland aufgestiegen, und die Zahl geförderter Wohnungen ist gleichzeitig uneinholbar gesunken. Nur wenige haben das Glück, in der städtischen Wohnungsbaugesellschaft unterzukommen. Nun versucht auch SPD-Bürgermeister Peter Feldmann mit Auflagen gegenzusteuern und erteilt Baurecht nur noch gegen 30 Prozent bezahlbare Wohnungen, vor allem für Familien mit mittlerem Einkommen.

Der Markt in Stuttgart ist fast so angespannt wie in München. An allen Fronten kämpft Stuttgart dafür, Familien mit mittleren Einkommen in der Stadt zu halten, sei es durch günstige Mieten, billigere Eigentumswohnungen oder Doppelhaushälften. Wenn Stuttgart städtische Grundstücke verkauft, dann unter Marktwert und zu der Bedingung, dass der niedrige Preis an die Käufer und Mieter weitergegeben wird. Die Vergünstigungen können für eine Familie mit zwei Kindern bis zu 54 000 Euro bedeuten. Wer etwas auf dem freien Markt findet, bekommt einen Zuschuss von bis zu 30 000 Euro. Mit einigen Bauträgern schloss die Stadt 2016 ein Bündnis und verpflichtete die Beteiligten, keine Sozialwohnungen mehr aus der Belegung fallen zu lassen.

Das ehemalige Mieter-Paradies Berlin erlebte den stärksten Umbruch. Rund 50 000 Menschen ziehen jährlich in die Stadt und machen den Alteingesessenen Konkurrenz um Wohnraum. Da das Berliner Durchschnittseinkommen weit unter dem der Münchner liegt, ist die sogenannte Mietbelastungsquote höher, obwohl die Mieten viel geringer sind. Auch hier sagt die Stadt inzwischen: Bebauungspläne gibt es nur gegen Sozialwohnungen. Außerdem beteiligt Berlin Bauherren an den Kosten für die Infrastruktur, wie zum Beispiel Kitas, Schulen oder Grünflächen. Und nachdem Berlin unter Finanzsenator Thilo Sarrazin erst vor wenigen Jahren seine gesamten Sozialwohnungen verschleudert hat, müssen nun die sechs städtischen Wohnungsbaugesellschaften wieder die Hälfte ihrer Neubauprojekte zu Förderbedingungen durchführen.

Hamburg verfolgt seit 2011 das ehrgeizige Ziel, 10 000 Wohnungen pro Jahr zu genehmigen. Ihr Rezept für die Stadtentwicklung lautet Drittelmix. Ein Drittel Sozialwohnungen, ein Drittel frei finanzierte Mietwohnungen und ein Drittel Eigentumswohnungen. Die Stadt hofft, auf diesem Weg bezahlbare Wohnungen ohne die Gettos der Siebzigerjahre zu schaffen.

Nachverdichtung

Das ist ein schönes Modewort für »überall bauen, wo es irgendwie noch geht«. Mit dieser Brille vor Augen wird man sich übrigens bewusst, wie viele Bombenlücken in Deutschland nur provisorisch oder schnellschnell gefüllt wurden. Jahrzehntelang hatten wir uns an seltsam niedrige Kioske, schmucklose Zweckbauten oder auch einfach nur Parkplätze zwischen zwei Häusern gewöhnt. Jetzt sind das alles potenzielle Baulücken.

Besondere Blüten treibt die Nachverdichtung in München. Dort sind die Dachgeschosse schon weitestgehend ausgebaut. Kleine Meister-Eder-Schreinereien im Hinterhof wurden längst in Townhouses verwandelt und zu kurz geratene Häuser aufgestockt. An allen großen Straßen entstehen aufwendige Schallschutzwände und dahinter Wohnungen. Jetzt fängt die Stadt an, ehemals industrielle Gewerbeflächen in Wohngebiete umzuwidmen. Kürzlich wurde ein Parkplatz von der städtischen Wohnungsbaugesellschaft mit hundert Wohnungen auf Stelzen überbaut.

Auch in Köln entstanden über einem Parkhaus 31 schicke Eigentumswohnungen inklusive Dachterrassen, die Planung dort orientierte sich an mallorquinischen Altstadtgassen. Allein die Baukosten betrugen 13 Millionen Euro, bei Fertigstellung war alles verkauft.

In Frankfurt wird der Discounter Lidl demnächst eine Filiale abreißen und auf dem 7700 Quadratmeter großen Grundstück zwei Neubauten mit Wohnungen aufstellen. Die Lidl-Filiale kommt wieder ins Erdgeschoss.

Aldi Nord kündigte an, in Berlin Wohnen und Einkaufen an 30 Standorten in neuen Hybridgebäuden zu verbinden. Und Aldi in Tübingen hat es bereits vorgemacht:

Dort baute man ein vierstöckiges Studentenwohnhaus über eine Filiale.

Auf einmal spielt die strikte Trennung von Gewerbe und Wohnen keine Rolle mehr, und Undenkbares wird Wirklichkeit. In Hamburg-Wilhelmsburg verlegt man eine Bundesstraße, um Platz für Wohnungen zu schaffen. Autobahnabschnitte und Schnellstraßen verschwinden unter »grünen Deckeln«. Und immer mehr Arbeitnehmer pendeln bereits aus der Stadt zu ihrer Arbeit nach außerhalb, weil auch Gewerbe dem Preisdruck ausweichen. Aber wehe, eine Stadt will Kleingärtnern für ein neues Wohnquartier ihre Parzellen wegnehmen (Schrebergärten gehören den Kommunen). Dann sind, wie im Frankfurter Nordend, schnell 9000 Protest-Unterschriften zusammen.

Übrigens führt Nachverdichtung nicht unbedingt zu einem Gefühl der Enge, oder sie wird anscheinend nicht als unangenehm empfunden. München zum Beispiel gilt nicht nur als beliebteste Stadt Deutschlands, sie ist auch mit Abstand am dichtesten besiedelt. An der Isar drängen sich 4668 Bewohner pro Quadratkilometer. Damit hat München einen weit höheren Enge-Faktor als klassische Ballungszentren wie etwa die Städte des Ruhrgebiets. Selbst Berlin kommt nur auf 3950, Stuttgart und Frankfurt auf knapp 3000 und Hamburg auf 2366. Am luftigsten ist es in Bonn mit 2260 Menschen pro Quadratkilometer.[2]

Die Münchner Stadtdirektorin Ulrike Klar, zuständig für Stadtsanierung und Wohnungsbau, stellte in ihren Umfragen immer wieder fest, dass die am dichtesten besiedelten Viertel in der am dichtesten besiedelten Stadt gleichzeitig auch die beliebtesten sind.

Das Umland einbeziehen

Wohnungsbaugesellschaften und Makler beklagen immer wieder, dass das Umland von Metropolen nicht mitzieht. Kein Bürgermeister einer kleinen Kommune hat Interesse, Bauland auszuweisen, weil er dann auch für die Infrastruktur sorgen müsste, wie zum Beispiel Straßen. Vor allem aber haben die bereits ansässigen Eigentümer und damit die Wähler des Bürgermeisters kein Interesse an mehr Nachbarn und einer Ausweitung des Immobilien-Angebots. Fast immer kommt Widerspruch gegen Bauprojekte von den Bewohnern vor Ort. Der Münchner Immobilienmakler Thomas Aigner sagt: »Besonders bei uns in Bayern wollen Bürger vor allem, dass sich bloß nichts ändert. Es wimmelt von Bewahrern und Bürgerbeteiligungswahnsinn.« Gerade in angespannten Wohnungsmärkten sei das undemokratisch. »Warum beteiligt man immer nur die, die schon drin sind? Man sollte auch die fragen, die reinwollen.«

Selbst die Politik ist sich einig: Aus allen Parteien kommt die Forderung, das Umland mehr einzubeziehen. Uneins ist man sich parteientypisch nur über das Ausmaß an Zwang, der dabei walten soll. In München spricht man beispielsweise schon von einer Metropolregion, zu der auch Städte wie Augsburg und Rosenheim gehören, jeweils eine Fahrstunde entfernt. Für eine Metropolregion könnte das Land Metropolpläne entwerfen und dann bei Infrastruktur und Bebauung ein Wörtchen mitreden. Über kurz oder lang werden sich Kommunen keine Wiesen und Felder mehr direkt neben einer Stadt leisten können, deren Menschen von der Obdachlosigkeit bedroht sind.

Und auch wenn Großtrappen, Kammmolche, Gelb-
bauchunken, Wachtelkönige und Uhus »planungsrele-
vant« sind – man kann sich fragen, ob sie wirklich be-
deutende Bauprojekte zu Fall bringen sollten. Es sind
Tierarten, die kaum je ein Mensch zu Gesicht bekommt,
und trotzdem stoppten sie eine Wohnsiedlung in Hamburg. Die Deutsche Bahn musste zum Beispiel eine ICE-
Strecke durch das Havelland umplanen und für jeden Vogel 273 000 Euro in den Artenschutz investieren. Daran
sieht man: Bauen ist in Deutschland eben auch sehr kom-
pliziert.

Die Fläche wieder attraktiver machen

Als man in den Planspielen der Neunzigerjahre von
schrumpfenden Einwohnerzahlen ausging, hat man leider
zwei wesentliche Entwicklungen übersehen. Menschen
leben nicht mehr im größeren Familienverbund, sondern
lieber allein oder zu zweit. Das braucht mehr Platz, mittlerweile fast 40 Quadratmeter pro Einwohner in den
15 größten Städten. Darüber hinaus entstand aber auch
eine neue Landflucht, an der die Politik kräftig mitgewirkt
hat. Die Infrastruktur im ländlichen Raum wurde ver-
nachlässigt. Wenn es in kleineren Orten keine Kranken-
häuser, Kneipen und Kinos mehr gibt, werden sie unat-
traktiver. Wenn man mit öffentlichen Verkehrsmitteln
nicht mehr wegkommt, will man auch nicht hin. Ohne
Familien werden Schulen geschlossen. Ein Teufelskreis,
der sich zum Mega-Trend ausgewachsen hat.
   Harald Simons vom Forschungsinstitut Empirica plädiert daher dafür, mittelgroße »Ankerstädte« im länd-

lichen Raum zu fördern. »Wir haben festgestellt, dass Menschen eine gute Stube wollen, ein funktionierendes Zentrum, wo sich das Leben abspielt. Solche Sanierungen sollten wir finanzieren.« Er ist strikt gegen eine Bauförderung in Gegenden mit sowieso schon angespannter Wohnungssituation. »Damit würde man ausblutende Regionen auch noch für ihre eigene Ausblutung mitbezahlen lassen. Man muss aber das bundesweite Glück erhöhen.«

Zweitwohnungen

Bauträger aus dem gehobenen Segment argumentieren gern, dass jede Wohnung ein Gewinn sei. *One in – one out* nennen sie das. Wer in eine bessere Wohnung zieht, räumt eine schlechtere. Im Idealfall kommt es zum Sickereffekt, der sich bis ganz unten fortsetzt. Ohne teure Neubauwohnungen wäre der Druck noch höher – so die Logik. Allerdings, die funktioniert nur, wenn diese Wohnungen auch wirklich dauerhaft bewohnt werden. Gerade im Luxusneubau handelt es sich aber oft um Zweitwohnungen. Man erkennt sie an den heruntergelassenen Jalousien in teuren Innenstadtlagen. An einem Frühjahrswochenende während der Schulzeit sind im Münchner Max-Palais in der Nähe des Hauptbahnhofs über 70 Prozent der Rollos geschlossen. Die Klingelanlage verrät kaum Namen, die meisten Wohnungen heißen immer noch so wie im Exposé, zum Beispiel Top 7 oder Penthouse 8, und der Doorman zuckt bei der Frage »Wo sind die denn alle?« nur mit den Schultern: »Die meisten leben im Ausland.« Diese Wohnungen sind dem lokalen Kreislauf entzogen.

Überhaupt nehmen Zweitwohnungen zu, da immer mehr Menschen zwischen Wohnort und Arbeitsplatz pendeln müssen. Schätzungsweise zwei Millionen Haushalte existieren doppelt. In einigen Stadtteilen wie Köln-Sülz oder Leipzig-Südvorstadt lebt sogar jeder vierte auch noch woanders. Wo früher nur Monteure und Bauarbeiter dauernd auf Achse waren, sind es jetzt zunehmend hoch spezialisierte Fach- und Führungskräfte, Ingenieure mit Projekttätigkeit, Unternehmensberater, Politiker und Wissenschaftler. Einer DGB-Studie zufolge sind Wochenendpendler mittlerweile höher qualifiziert und verdienen besser als der Durchschnitt.[3]

Auch Menschen, die in ihrer Heimat keinen Job bekommen, entscheiden sich eher für das Pendeln als für einen Umzug. Das gilt vor allem für Familien, die nicht bereit sind, Schule und soziales Umfeld aufzugeben. Tatsächlich gründen sich in Großstädten bereits Wohngemeinschaften von Berufstätigen. »Dennoch ist das Angebot gerade auf angespannten Märkten und für weniger zahlungskräftige Gruppen zumeist bescheiden, und die Veränderungen der Lebensführungen sind weitaus dynamischer als die Veränderungen des Wohnungsbestandes. Dies stellt eine große Herausforderung für die Wohnungswirtschaft dar«, schreiben die Raumforscher Rainer Danielzyk und Andrea Dittrich-Wesbuer.[4]

Bauvorschriften

Die »Neufert Bauentwurfslehre« umfasst auf über 600 Seiten Normen und Vorschriften darüber, wie hierzulande gebaut werden darf. Es sind so viele wie nie zuvor.

20 000 Bauvorschriften müssen Bauherren beachten, im Jahr 2000 waren es noch 5000.

Und jedes Jahr kommt neues Gerümpel dazu, regionales, nationales und europäisches. Allein deswegen haben sich von 2007 bis 2014 Schätzungen zufolge die Baukosten um 40 Prozent verteuert.

Wie kommen diese Normen zustande? Unter anderem durch das Deutsche Institut für Normung e. V., finanziert zu 70 Prozent aus dem Vertrieb genau jener Normen. Die bedeutendste deutsche Normungsorganisation lebt also hauptsächlich davon, bloß nichts beim Alten zu belassen.

Dieses Interesse teilt sie durchaus mit den Herstellern von Baumaterial. Für jede neue Norm muss ein entsprechend zertifiziertes Produkt entwickelt werden, um das die Bauherren schon aus Haftungsgründen nicht herumkommen. Sie bauen also nicht mehr einfach mit Backsteinen, sondern zum Beispiel mit der DIN EN 771-1:2015-11, »Mauerziegel, Leichtlanglochziegel und Leichtlanglochziegelplatten«.[5]

Große Unternehmen versuchen jetzt, die Normierungsflut mit ihren eigenen Waffen zu schlagen. So testet die Wohnungsgesellschaft Vonovia verschiedene Fertigmodule, mit denen man entweder ganz neu bauen oder aufstocken kann. Es gäbe dann das Modul Bad, das Modul Küche, Wohnzimmer, Schlafzimmer und so weiter, die man ähnlich der Containerbauweise stapelt und miteinander verbindet und denen man am Ende aber trotzdem nicht ansieht, dass sie aus der Fabrik stammen.

Einmal durchentwickelt und aufeinander abgestimmt könnte man mit diesen »Legosteinen« deutlich günstiger und vor allem schneller bauen.

138

Grunderwerbssteuer

Seit 2006 dürfen die Länder ihren Grunderwerbssteuersatz selbst bestimmen. Leider führte das prompt zu einer Art Selbstbedienungsmentalität. Nordrhein-Westfalen, Brandenburg und Schleswig-Holstein verlangen jetzt zum Beispiel 6,5 Prozent auf den Kaufpreis. Nur Bayern und Sachsen blieben bei den ursprünglichen 3,5 Prozent. Kostet ein Haus beispielsweise 500 000 Euro, werden also zwischen 17 500 und 32 500 Euro Steuern fällig. Wohlgemerkt auf ein Haus, für dessen Bau der Staat ja bereits 19 Prozent Mehrwertsteuer kassiert hat.

Hinzu kommen Kaufnebenkosten wie Makler und Notar, und all diese Posten summieren sich für den Käufer in diesem Beispiel auf bis zu 75 000 Euro, die er selbst aufbringen muss. Zusätzlich zum Eigenkapital von mindestens 100 000 Euro. Das Problem ist laut Institut der deutschen Wirtschaft (IW) nicht die Finanzierung der Kaufpreise, sondern diese Erwerbskosten, die prozentual an die Kaufpreise gekoppelt sind. Laut IW-Berechnungen könnten sich derzeit nur 11 Prozent aller Mieter überhaupt Eigentum leisten.

Baukindergeld

Der Koalitionsvertrag sieht bisher als einzige unterstützende Maßnahme für Käufer das Baukindergeld vor. 1200 Euro pro Jahr und Kind gibt es, um Häuser oder Wohnungen abzubezahlen – für Haushalte mit einem zu versteuernden Einkommen bis 75 000 Euro, zuzüglich 15 000 Euro pro Kind.

Ausnahmsweise sind sich Mieter- und Branchenvertreter einig, dass das eine Schnapsidee ist und jedenfalls nicht gegen den Wohnungsmangel hilft. Wie schon die Eigenheimzulage und die Sonderabschreibungen Ost der Neunziger wird dieses Geld vermutlich von den Bauunternehmen abgeschöpft. Sie schlagen es einfach auf den Preis drauf. Umgekehrt wird sich niemand in ein so großes Abenteuer stürzen wegen ein bisschen Baukindergeld.

Eine deutsche Lex Koller?

Die kleine Schweiz verfügt seit vielen Jahrzehnten über Erfahrung mit Geldwäsche und sehr reichen Ausländern. Sie erkannte früh, dass sie sich wehren muss, wenn ihre eigenen Bewohner auf dem Immobilienmarkt noch eine Chance haben sollen. Also schränkte sie diesbezüglich 1961 erstmals den Kauf von Grundstücken und Wohnimmobilien ein. Weil sie die verwirrende Angewohnheit besitzt, Gesetze immer nach dem Abgeordneten zu benennen, der sie einbringt, gab es zunächst eine Lex von Moos, dann eine Lex Celio, eine Lex Furgler, gefolgt von einer Lex Friedrich und schließlich die Lex Koller. Und alle dienten »zur Bekämpfung der Überfremdung des einheimischen Bodens«.

Wer als Ausländer in der Schweiz ein Grundstück, ein Haus oder eine Wohnung kaufen will, muss nachweislich bereits im Land leben. Nur dann darf er beim Kanton einen Antrag auf Bewilligung stellen. Der Kauf als Kapitalanlage zum Beispiel gilt als zwingender Verweigerungsgrund. Der Handel mit Ferienwohnungen wurde auf 1500 pro Jahr beschränkt, und sie dürfen nicht größer sein als 200 Quadratmeter. Und wer ohne Bewilligung ein Domizil in den Schweizer Bergen erwirbt, riskiert Gefängnis bis zu drei Jahren oder eine Geldstrafe.

Drakonische Strafen – die findige Anwälte natürlich trickreich umgehen. Das Haus am Genfer See erwirbt ein Strohmann. Man mietet fiktive Erstwohnsitze und kauft erst dann das Luxusapartment in Zürich. Und die lokalen Geschäftsleute in Graubünden, im Berner Oberland und im Wallis lassen sich auch ständig neue Modelle einfallen, zum Beispiel bieten sie die Nutzungsrechte an Wohnungen in Fünfsternehotels an. Das ist nicht grundbuchpflichtig.

Trotzdem kann man wahrscheinlich davon ausgehen, dass die Schweiz ohne diese Hürden längst komplett in der Hand von ausländischen Millionären wäre.

Die kanadische Stadt Vancouver, seit Jahren beliebtes Immobilienrevier vor allem für chinesische Käufer, führte 2017 eine Ausländersteuer von 20 Prozent ein, fällig beim Kauf. Und aktuelle Pläne der Regierung legen jetzt noch nach: Höhere Grundsteuern auf Zweitwohnsitze; für Einwohner, deren Einkommen aus dem Ausland stammt; und auf Häuser ab einem Wert von zwei Millionen Euro. Die drastischen Maßnahmen folgen auf die drastischen Preissteigerungen von 60 Prozent allein in den vergangenen drei Jahren.

Zentrales Grundbuchregister

Deutschland ist keine kleine Alpenrepublik, sondern die größte und stärkste Wirtschaftsnation Europas. Zu glauben, wir könnten uns abschotten, wäre naiv und kontraproduktiv. Aber gerade weil wir nicht irgendwer sind, sollten wir uns auch nicht das Heft aus der Hand nehmen lassen. Unsere Behörden, die Finanzämter, die Politik und vor allem wir müssen wissen, wem die Dächer über unseren Köpfen gehören. Es ist ein Unding, dass es darüber keinerlei offiziellen Zahlen gibt, keine Angaben über ausländische Investoren, keinen Überblick über Briefkastenfirmen, noch nicht einmal eine genaue Unterscheidung, welche Art von Unternehmen welche Immobilien hält. Zahlen und Fakten sind die Basis für Politik. Wie will man irgendetwas gestalten ohne Informationen über die Ausgangslage?

Unsere hysterische Fixierung auf Datenschutz und Steuergeheimnis hat dazu geführt, dass wir blind durch unser Land stolpern, während Facebook & Co. wahrscheinlich wissen, was jeder Einzelne zum Frühstück isst. Was spricht dagegen, Angaben über Herkunft und Art eines Käufers anonym zu erfassen und digitalisiert zentral auszuwerten? Die Gutachterausschüsse sehen heute schon jeden Kaufvertrag, und Ihre oder meine Eigentumswohnung entgehen dem Finanzamt sowieso nicht. Was spricht dagegen, Grundbücher digital und zentral einsehbar zu machen, damit die Behörden bei Verdacht auf Geldwäsche wenigstens den Hauch einer Chance haben? Wir brauchen mehr Zahlen und mehr Transparenz.

Share Deals

Union und SPD wollen jetzt den Share Deals den Garaus machen. Zur Erinnerung: Das sind Transaktionen, bei denen eine Gesellschaft unter 95 Prozent der Anteile an

einer Immobilie kauft und deshalb keine Grunderwerbssteuer zahlen muss. Im Koalitionsvertrag klingt das einfach,
in der Praxis ist es das aber nicht. Denn schon fürchten
ausgerechnet die Bundesländer um ihre Pfründe. Durch
eine Reform könnte aus der lokalen Grunderwerbssteuer
eine Kapitalverkehrssteuer werden – und die ginge an den
Bund. Außerdem sehen Wirtschaftsverbände schon wieder
den Standort Deutschland gefährdet. Wir sind gespannt
auf das Ende.

LIEBE AUF DEN ERSTEN BLICK – MEIN TRAUMHAUS

Und ich? Ich konnte einfach nicht loslassen von meiner fixen Idee, eine Wohnung zu kaufen. Es musste doch möglich sein, wenn schon nicht in München, dann doch irgendwo in Deutschland ein Objekt zu finden, das einigermaßen erschwinglich war; wo ich mein sauer Erspartes parken konnte. Etwas, womit man nicht reich wird, aber wenigstens auch nicht arm. Was sich selbst trägt. Und sich vielleicht sogar an einem interessanten Ort befindet.

Freunde aus Berlin, die sich wie ich in New York den Immobilienvirus eingefangen hatten, erzählten vor einigen Jahren zum ersten Mal von Leipzig. Da ginge noch was. Die Stadt sei der zukünftige *place to be* und die Preise noch nicht ganz so verrückt. Ich hörte nur mit halbem Ohr zu, Leipzig war für mich ungefähr so weit weg wie Budapest. Zum letzten Mal hatte ich die Stadt 1990 aus der Nähe gesehen. Damals mussten wir uns bei der Anfahrt von Süden die Nase zuhalten und tranken literweise

Wasser gegen die vom Braunkohlestaub ausgetrockneten Kehlen. Noch Tage später schnäuzten wir schwarze Rußpartikel ins Taschentuch. Es gab dort eine kleine, lustige Community von Studenten, die in irgendwelchen Kellern Party machten, aber ansonsten wirkte die Stadt trostlos und ausgestorben.

Danach hörte man von Leipzig eigentlich nur noch in einem Atemzug mit den Worten Leerstand und Immobilienbetrug. Tausende westdeutsche Anwälte und Ärzte versuchten in den Neunziger- und Nullerjahren, im Osten ihr Geld vor der Steuer in Sicherheit zu bringen. Sie kauften blind und unbesehen aus den farbenprächtigen Prospekten dubioser Bauträger, die nicht selten nach Unterzeichnung des letzten Kaufvertrags in die Pleite verschwanden und die neuen Eigentümer mit offenen Rechnungen zurückließen.

Meine Assoziationen mit dieser Stadt waren also denkbar ungünstig. Dennoch landete ich eines Tages bei meinen Streifzügen durch das Online-Portal Immoscout in Leipzig und war sofort wie elektrisiert: Hier konnte man ganze Häuser zum Preis einer Wohnung in München erwerben. Allein die Vorstellung, Hausbesitzerin zu sein, hob meine Stimmung enorm. Plötzlich schienen die oberen Zehntausend zum Greifen nah.

Ich vereinbarte einen Besichtigungstermin und stand an einem Vormittag im Herbst 2016 vor meinem kleinen Traumhaus: erbaut um die Jahrhundertwende, mit wunderschönen Erkern, das Treppenhaus kunstvoll geschnitzt, die Fenster mit Buntglas verziert. Solche Kleinode existieren in München gar nicht und wenn, könnte ich mir wahrscheinlich höchstens eine Wohnungstür leisten. Hier kostete der Quadratmeter 1400 Euro. Aber trotzdem:

Leipzig? Wo die Mieten bei vier Euro fünfzig den Quadratmeter liegen und aus gutem Grund schon immer der Vermieter den Makler bezahlt?

Ich kannte die Stadt nicht, null. Einiges sprach für sie: Universitätsstadt, viele junge Leute, eine rege Kunstszene und die Ansiedlung diverser großer Konzerne in den vergangenen Jahren. Die Politik hat in Sachsen den Unternehmen den roten Teppich ausgerollt, jetzt bieten BMW, Porsche, DHL und Amazon auf einmal wieder Arbeitsplätze. Die Stadt, die noch vor wenigen Jahren drohte, unter die 500 000-Einwohner-Marke zu rutschen und damit ihren Großstadt-Status zu verlieren, verzeichnete nun den stärksten Zuzug Deutschlands. Und trotzdem: Eigentlich hatte ich keine Ahnung, ich befand mich im totalen Blindflug. Ich wägte ab, rechnete, zögerte – und dann war das Haus weg. Meine ursprüngliche Euphorie verwandelte sich in sehr schlechte Laune. Wochenlang ärgerte ich mich über mich selbst. Bis ich mich wieder an Immoscout wagte.

Ich entdeckte eine erstaunlich günstige Eigentumswohnung genau um die Ecke meines Traumhauses. Der Makler erzählte, es handele sich eigentlich um ein Paket, also zwei Wohnungen. Doch bisher seien alle Interessenten vor dem Zustand des Hauses zurückgeschreckt. »Das wird Ihnen auch nicht gefallen«, sagte er, »also, ich kann Sie eigentlich nur warnen. Ich bin ja vieles gewöhnt aus Berlin, aber so etwas habe ich noch nie gesehen.« Vielleicht hatte er mich ja schon gegoogelt und wusste, dass man Journalisten über die Neugierde bekommt. Jedenfalls wurde ich hellhörig. Was denn so schlimm sei an dem Haus? »Na, erst mal is alles voller Graffiti, die Haustür hamse auch eingetreten, der Speicher und der Keller stehen voll mit Sofas, ick wees och nich, wat die da veranstalten, die schlafen da und rauchen ihr Zeug, vamut ick ma, so Junkies halt. Ne absolute Katastrophe!« Je mehr er sich in Rage redete, desto interessierter wurde ich. Für mich klang das nach New York, genauer gesagt nach East Village, NoHo und Harlem, alles Stadtteile, die in den Neunzigerjahren fest in der Hand von Drogenabhängigen schienen und heute unbezahlbar sind. Vielleicht war das meine Chance?

Diesmal bereitete ich mich besser vor und recherchierte gründlich das Viertel namens Reudnitz. Es liegt im Osten von Leipzig, nahe dem Zentrum und gilt als das letzte Viertel, das noch nicht von der Gentrifizierung erfasst wurde. Was nichts anderes bedeutet, als dass es ein Übernahmekandidat ist, in der Immobiliensprache eine »Gegend mit hohem Potenzial«. Zur Universität kommt man in 10 Minuten mit dem Fahrrad, die Straßenbahn fährt direkt in die Stadt, es gibt viele Grünflächen, Einkaufsmöglichkeiten, Cafés und die Häuser stammen noch aus der Gründerzeit. Von den Beschreibungen her konnte ich mir gut vorstellen, als Student hier zu wohnen.

Einige Stunden vor dem Besichtigungstermin schlenderte ich ziellos durch die Straßen. Ich sah viele junge Leute und viele Migranten, Gemüsehändler und einige hippe Cafés, Trödelläden, aber auch Krimskrams-Geschäfte mit undefinierbarem Plunder, den wahrscheinlich nie jemand kaufen würde. Am unvermeidlichen KiK vorbei ging ich ins Kaufland und auf die Toilette. Ich drückte den Lichtschalter – Schwarzlicht. Das verhieß nichts Gutes über die Kundschaft. Außerhalb von Diskotheken verwendet man Schwarzlicht eigentlich nur, um Junkies fernzuhalten, die ihre Venen in dem blauen Licht nicht erkennen und sich daher keine Nadel setzen können. An meiner Reaktion merkte ich, dass ich wohl doch schon zu lange in München lebte: Ich war schockiert und plötzlich nicht mehr wild entschlossen, mich in diesem Viertel einzukaufen. Die Reudnitzer betrachtete ich von nun an mit einer gehörigen Portion Misstrauen, verpufft war meine großstädtische Nonchalance gegenüber Drogen und deren Nutzern.

»Meine« Straße machte trotzdem einen guten Eindruck – wäre da nicht dieses eine Haus in dem hässlichen Babyblau gewesen, das mir schon auf den Fotos unangenehm aufgefallen war. Der Makler hatte nicht zu viel versprochen, man sah auf den ersten Blick, dass es das ungepflegteste Gebäude weit und breit war. Aber eben günstig. Noch immer angezählt von der Erfahrung mit dem Schwarzlicht erschien mir plötzlich auch der Makler halbseiden. Ein typischer Berliner mit brauner Blouson-Lederjacke, kleinem Bierbauch und einem runden, gemütlichen Gesicht. Aber Vorsicht war geboten, ich war auf der Hut. Er sagte: »Jetzt bin ich mal jespannt. Alle anderen sin mir rückwärts wieder rausjelofen. Machen Se sich auf wat jefasst.«

Er drückte die schwer geschundene Haustür auf, führte mich vorbei an Graffiti, Sperrmüll und herausgetretenen Treppensprossen in den dritten Stock. Das Treppenhaus aus dunkler Eiche war sehr großzügig geschnitten, die noch verbliebenen Geländersprossen kunstvoll gedrechselt, an jedem Absatz thronte ein prächtiger Geländerknauf, der mein Prinzessinnen-Herz höherschlagen ließ. Selbst die Unterseite der Treppenstufen war mit Schnitzereien verziert, die von der verschwenderischen Prunksucht der Gründerzeit zeugten. Jäh riss mich der Makler aus meinen Schloss-Besitzer-Träumen. »Nicht zu fassen, hier hammse gleich den janzen Handlauf rausjerissen! Und det Fenster einjeschlagen.« Er schüttelte ungläubig den Kopf und schloss die Tür zu einer der Wohnungen auf.

Sonnenstrahlen blendeten mich, und genau dann passierte etwas Erstaunliches – ich verliebte mich in diese Wohnung. Ich verwandelte mich von einem vernünftigen, kühl rechnenden Homo oeconomicus in eine Verzauberte; in die Art von Mensch, von dem Nobelpreis-gekrönte Verhaltensökonomen wie Richard Thaler immer sprechen: nur begrenzt rational, mit sozialen Präferenzen und einem Mangel an Selbstbeherrschung. Thaler hat in zahlreichen Versuchen bewiesen, dass Menschen sich weigern, in einem Gewitter mehr für einen Regenschirm zu bezahlen als während Sonnenschein (das wird als unfair empfunden) und deshalb lieber nass werden; bei sinkenden Benzinpreisen tanken sie eher SuperPlus, als das Geld für andere Dinge auszugeben (Benzin hat nun mal ein festes Budget in der Haushaltskasse); sie ordnen eigenen Kaffeetassen einen höheren Wert zu als fremden Kaffeetassen (eigener Besitz wird höher geschätzt); ihre Dächer isolieren sie auch trotz hoher Prämien nicht (keine Lust zu entrümpeln), und sie nehmen sogar Kredite auf, um ihr Erspartes nicht anzutasten. Echte Menschen, so lautet die These der Verhaltensökonomen, verhalten sich nicht wie Captain Spock, sondern wie Homer Simpson.

Und Marge Simpson rief gerade mit ganzer Inbrunst: Will ich haben! Haben! Haben! Das war alles, was ich denken konnte in Anbetracht dieser reizenden 75-Quadratmeter-Altbauwohnung. Hohe Decken, gut geschnitten, original Holztüren mit Glaseinsatz und – wie heißt es immer so schön – lichtdurchflutet. Wen kümmerte in diesem Moment noch der Uringeruch im Hausflur? Im Geiste hatte ich bereits begonnen, die Wohnung einzurichten, und jeder erfahrene Makler wird bestätigen, dass das der erste Schritt Richtung Kaufvertrag ist.

Deal or no Deal?

Wie bei allen Liebesaffären gibt es auch bei Immobilienbesichtigungen den Morgen danach, und das Spektrum reicht von Übelkeit über »ganz interessant« bis zu »sofort wieder anrufen«. Leipzig war einen zweiten Blick wert, aber einen etwas kühleren Kopf fand ich dringend angezeigt. Ich engagierte einen TÜV-zertifizierten Gutachter vor Ort, der die Rolle der guten Freundin einnehmen sollte, und wartete bang auf das Urteil. Es erreichte mich im Büro, zwischen zwei Terminen, in einem Schwall von Sächsisch, und ich verstand nur jedes zweite Wort. Aber zusammengefasst bedeutete es »Finger weg«. Das Haus wimmle von Problemmietern, die Substanz sei so lala, Qualität was anderes, der alte DDR-Putz werde demnächst komplett von der Fassade abfallen. Rendite sei nicht alles, den Ärger nicht wert und wenn, dann nur zu einem wesentlich niedrigeren Preis.

Wie alle Verliebten hörte ich nur, was ich hören wollte. Und außerdem sollte mir die Sache nicht wieder durch die Lappen gehen.

Am nächsten Morgen übersetzte ich das lange Lamento meines Gutachters in eine E-Mail an den Makler, und sie lautete in etwa so: »Diese Bruchbude wird niemand auch nur mit der Pinzette anfassen, Sie können dankbar

sein, wenn ich Ihnen dafür 70 Prozent Ihres Preises an-
biete!«

Nach fünf Wochen Geschachere unterschrieb ich einen
Kaufvertrag für eine Wohnung mit einem drogenabhängigen Mieter und eine leere Wohnung, das gesamte Paket
für 136 000 Euro. In München bekäme ich dafür nicht
einmal eine Einzimmerwohnung. Ich fühlte mich wie in
einem Outlet beim Designer-Sale, und meine Einkaufstüte
war voll mit Schnäppchen. Es war an der Zeit, die er-
schöpfte Marge Simpson ins Bett zu schicken und Captain
Spock recherchieren zu lassen, wo wir eigentlich gelandet
waren.

Der Leipziger Oberbürgermeister Burkhard Jung sähe
seine Stadt gern in Konkurrenz zu Barcelona oder St. Pe-
tersburg. Er kam Anfang der Neunzigerjahre aus Nordrhein-Westfalen als Lehrer in den Osten. Seine Herkunft
aus Siegen hört man dem großen, gut aussehenden Mann
Ende fünfzig immer noch an, doch das stand seiner Wahl
offenbar nicht im Weg. »Wissen Sie, wir hatten hier in
der Stadt einen kompletten Austausch der Menschen in
den vergangenen Jahren. Von denen, die direkt nach der
Wende in Leipzig lebten, sind vielleicht noch 20 Prozent übrig. Die derzeitige Bevölkerung sind alle Zugezo-
gene.« Dieses beachtliche Comeback einer totgesagten
Stadt ist der Grund, warum alle Welt mittlerweile von
»Hypezig« spricht. War sie noch bis zum Jahr 2000 dra-
matisch geschrumpft, begann ab 2005 die Erholung.
90 000 Menschen sind seitdem hierhergezogen, und Experten schätzen, dass Leipzig bis zum Jahr 2030 auf 720 000
anschwillt. Allerdings, rasante Zuwachsprognosen stellen
viele Städte:

München: + *221 000*
Berlin: + *180 000*
Leipzig: + *142 000*
Frankfurt: + *100 000*
Köln: + *100 000*
Hamburg: + *60 000*
Stuttgart: + *50 000*
Dresden: + *32 000*
Düsseldorf: + *25 000*

Unterm Strich wachsen also allein diese Städte in den nächsten zwölf Jahren um fast eine Million Einwohner. Doch woher sollen diese Menschen auf einmal kommen? War Deutschland nicht bis vor Kurzem noch eine schrumpfende Nation mit alarmierend niedrigen Geburtenraten? 2014 sah uns das Statistikamt der Europäischen Union (Eurostat) bald unter die 80-Millionen-Marke rutschen, später sogar auf 70 Millionen; man hätte meinen können, Deutschland löse sich demnächst in Luft auf. Heute liegt die Prognose bei 84,6 Millionen für das Jahr 2030, und der Zauberspruch für die magischen Wachstumsraten lautet: Zuwanderung.

Schnell wird klar, wie schwammig solche Berechnungen sind. Denn so wie zum Beispiel die rund eine Million Flüchtlinge des Jahres 2015 in keiner Prognose auftauchten, so ist auch ihre Rückkehr kaum kalkulierbar. Einer, der nicht müde wird auf diese Unwägbarkeiten hinzuweisen, ist Professor Harald Simons, der Chef des Forschungsinstituts Empirica. Er sieht in Deutschland sich überlappende Zuwanderungswellen aus Südeuropa und verschiedenen Kriegsgebieten. »Die Erfahrung lehrt, dass Kriege und Krisen auch wieder enden und diese Menschen irgendwann in ihre Heimat zurückgehen. In München sehen wir bereits eine negative Binnenwanderung, die Stadt wächst nur aufgrund der Flüchtlingswellen. Noch.« Ein ähnliches Phänomen hatte Deutschland bereits in den Neunzigerjahren während der Balkankriege erlebt, auch damals kamen Millionen von Flüchtlingen, aber von Dauer war der Zuwachs nicht.

In Leipzig leben 52 000 Migranten, davon 7000 Syrer,* und inzwischen herrscht laut Oberbürgermeister Burkhard Jung Wohnungsknappheit. Städtische Grundstücke will die Stadt nur noch projektbezogen vergeben, mit klaren Vorgaben bezüglich der Nutzung. »Wir haben nicht mehr genug Schulen und Kindergärten.« Er schätzt, dass 60 Prozent aller Investoren aus dem Ausland stammen, der Rest sind Berliner beziehungsweise Käufer aus den alten Bundesländern. »Kaum ein Leipziger kann sich eine Eigentumswohnung leisten«, sagt er.

Mit einem mittleren monatlichen Nettoeinkommen von 1200 Euro (Stadt Leipzig) kann man schwerlich genug Eigenkapital für einen Kredit ansparen, und Ostdeutsche besitzen laut Bundesbank immer noch 70 Prozent weniger Vermögen als Westdeutsche. Der Grund ist einfach: Immobilienbesitz und Betriebsvermögen sind im Osten weniger verbreitet als im Westen, wo Vermögen oft schon seit Generationen gemehrt wird. »Auf Dauer birgt das sozialen Sprengstoff«, gesteht Oberbürgermeister Jung.

Jähes Erwachen

Der Tag nach dem Notartermin für meine Wohnungen begann mit schwerem Kopf in Berlin, auf der Matratze meiner besten Freundin, mit der ich am Abend noch gefeiert hatte. Wie immer checkte ich auf dem Telefon als Erstes die Nachrichten – und war wie vom Donner gerührt: »Erdbeben in Leipzig!« Wie bitte? Auf Hochwasser war ich vorbereitet, auch auf die AfD oder Vandalismus, aber Erdbeben? Wie ich jetzt erfahren musste, liegt die Stadt auf der sogenannten Störungszone Leipzig-Regensburg, und laut *Leipziger Volkszeitung* hätten durch das Beben der Stärke 3,0 auf der Richterskala sogar »ganze Häuser gewackelt«. Als Journalistin fand ich die Geschichte interessant, als Hausbesitzerin war ich alarmiert. Gab es für so was überhaupt Versicherungen, und wenn ja, hatten wir eine? Allein die Tatsache, dass ich mir am Samstagmorgen solche Gedanken machen musste, war schon nervig. Mich beschlich das ungute Gefühl, dass ich mir mehr als nur eine Wertanlage eingehandelt hatte.

Wusste ich denn überhaupt, was eine Wertanlage ist? Auf jeden Fall etwas von Bestand, etwas, das immer gefragt ist, von knappem Angebot, das man zur Not auf Schwarzmärkten in Eier und Brot tauschen kann. Schon meine Oma hatte mir von klein auf eingetrichtert, dass es keinesfalls Staatsanleihen sein dürften, die seien nämlich genau nicht »mündelsicher« und bei Kriegsausbruch futsch. Sie wusste das aus eigener Erfahrung, und entsprechend eindringlich sah sie mich bei ihren Warnungen immer an, und entsprechend großes Gewicht besaß die Geschichte in der Familiensaga.

Seither assoziiere ich mit Wertanlage Gold, Schmuck,

Uhren, Oldtimer, Kunst, gute Weine sollen auch dazuge-
hören und eben Betongold. Der Begriff ist in den vergangenen Jahren in Mode gekommen und suggeriert auf
wunderbare Weise gleichzeitig Glamour und Unver-
brüchlichkeit. Er ist ein Synonym für insbesondere deutsche Immobilien, ein sicherer Hafen im Auf und Ab der
globalen Stürme und die perfekte Altersvorsorge. Dieser
Meinung bin übrigens nicht nur ich, sondern 70 Prozent
aller Deutschen. Und genau wie sie blende ich Ärger und
Kosten bei meinen Rechnungen zunächst einmal aus.

Zwei Wochen nach dem Erdbeben erhielt ich eine E-Mail
von meiner Noch-nicht-aber-bald-Hausverwaltung, Be-
treff: Einbruch.

Sehr geehrte Frau Seidenspinner,
am 08.05.2017 wurden wir von der Polizei Leipzig über einen
Schadensfall am 29.04.2017 informiert, heute erhielten wir das
entsprechende Strafantrags-Formular. Es handelt sich um die Be-
schädigung der Wohnungseingangstür WE 08, Verursacher ist
Achmed Muhammad H. – es ist anzunehmen, dass er ein Sohn
der Mieter aus WE 03 ist.
In der Anlage sende ich Ihnen die Beweisfotos der Polizei sowie
den Strafantrag zur Kenntnis.
Mit freundlichen Grüßen

Auf den Beweisfotos sah man das Treppenhaus und eine
Tür mit Loch, darunter stand: Der Tatverdächtige beschä-
digte die Tür durch einen Faustschlag. Um Himmels willen! Auf was hatte ich mich da eingelassen?
    Der 29. April war derselbe Tag, an dem Leipzig zum ers-
ten Mal von einem Erdbeben heimgesucht wurde und an

dem ein 15-Jähriger namens Achmed offenbar Langeweile hatte. Anders konnte ich mir die Geschichte beim besten Willen nicht zusammenreimen. Achmed und seine syrische Familie lebten zwei Stockwerke unter meiner vermieteten Wohnung. Der Drogenabhängige war nach zähen Verhandlungen jedoch ausgezogen, also gab es dort eigentlich nichts mehr zu holen. Außerdem bricht man doch nicht ausgerechnet beim Nachbarn ein, vor der Nase der eigenen Eltern? War womöglich das ganze Haus kriminell?

Das Polizeiprotokoll verwirrte mich noch mehr: Gerufen hatte die Polizei der Mann aus seiner leeren Wohnung. Sein Verdacht fiel auf den Nachbarsjungen, und der gestand auf Nachfrage prompt. Ein Grund für den Einbruch ist nicht überliefert. Und am meisten beunruhigte mich, dass sowohl Polizei als auch Hausverwaltung das alles ganz normal zu finden schienen. Offenbar passierte so was in Leipzig öfter. Ich konnte die Situation überhaupt nicht einschätzen und hatte dafür doch relativ viel Geld reingesteckt.

Es war an der Zeit, meine einzigen Miteigentümer kennenzulernen, ihnen gehörten die anderen sieben Wohnungen, und sie waren demnach Achmeds Vermieter. Vielleicht wussten sie Erhellendes. Über die »Vermögensmanagement GmbH« konnte ich – bis auf einen Eintrag im Handelsregister – im Internet rein gar nichts finden, offenbar bestand die gesamte Firma nur aus einem Ehepaar in Berlin. Dem schrieb ich eine E-Mail, stellte mich als neue Eigentümerin vor und bat um einen Kennenlerntermin.

Ihr Büro im Stadtteil Tempelhof befindet sich an einer unscheinbaren Adresse, zwischen einem Friedhof und ei-

157

nem mehrspurigen Gleisbett. André und Christine S. sind etwa Anfang fünfzig und wirken eher wie gemütliche Kleingartenbesitzer als Geschäftsleute. Sie servierten Kekse und Filterkaffee, und wie sich herausstellte, hatten sie bereits 2010 begonnen, das Haus in Leipzig Wohnung für Wohnung ihren insolventen Vorbesitzern abzukaufen. Es handelte sich dabei sämtlich um Selbstständige aus dem Westen, die von ihrer Investition in den Ruin getrieben worden waren.

Diese Erzählung deckte sich mit den Geschichten, die ich während meiner Wohnungssuche in Leipzig immer wieder von Maklern gehört hatte. Käufer, die in den Nullerjahren komplett fremd finanzierten, ohne Puffer, als reines Abschreibungsmodell und dann jahrelang nachschießen mussten, weil die Mieten nie so hochgingen wie versprochen. Auch mein Verkäufer war ein Arzt, der zehn Jahre zuvor 40 Prozent mehr bezahlt hatte als ich ihm jetzt. Er hatte nie einen Fuß in die Immobilie gesetzt.

André und Christine waren zum Immobiliengeschäft gekommen wie die Jungfrau zum Kinde. Vor über zehn Jahren, als Berlin-Neukölln noch nicht hip, sondern einfach nur heruntergekommen war, kauften sie dort ein Mehrfamilienhaus zu einem günstigen Preis. Es bestand aus lauter vermieteten Eigentumswohnungen, und als der erste Mieter auszog, stand ihnen die komplette Sanierung dieser Wohnung bevor. Sie entschieden sich, lieber zu verkaufen, und stellten zu ihrer großen Überraschung fest: Die Preise waren enorm gestiegen, und die Wohnung ließ sich mühelos auch unsaniert mit Gewinn an den Mann bringen.

Diese Erfahrung in Neukölln brachte sie auf die Idee, das Experiment auszuweiten. »André ist das Trüffel-

schwein, er hat eine Nase für Lagen mit Potenzial«, sagt
Christine nicht ohne Stolz. Berlin war bald abgegrast, zu
viele Trüffelschweine. Doch in Leipzig gab es eine Menge
Westdeutsche, die nach zehn Jahren Mühsal und schlechten Erfahrungen mit Handwerkern und Mietern die Nase
voll hatten und ihren Betonklotz am Bein gerne loswer-
den wollten. »Ist schon lustig, vor fünf Jahren wollten alle
Münchner raus aus Leipzig, jetzt wollen sie alle wieder
rein«, sagt André. Als Bank diente ihm sein Haus in Neukölln: Immer, wenn sie Eigenkapital benötigten, wechselte
dort wieder eine Wohnung den Besitzer. Rund hundert
Einheiten hat sich das Ehepaar in den vergangenen Jahren
so zusammengekauft. Leipzig ist ihnen inzwischen längst
zu teuer, sie haben ein Auge auf Chemnitz geworfen,
»dort gibt es wenigstens noch Renditen über sieben Prozent«. Unser gemeinsames Problem-Haus ging ihnen
schon deshalb auf die Nerven, weil ihnen ihr kleines Im-
perium langsam über den Kopf wuchs. Wir vereinbarten
eine gemeinsame Ortsbegehung, um den Zustand zu be-
gutachten und dann zu entscheiden, wie es weitergehen
sollte.

Die kostengünstigere Variante: rohe Gewalt

Auf dem Weg nach München fuhr ich noch einmal über
Leipzig. Wohnung Nummer eins war von dem Mieter in
einem erbärmlichen Zustand hinterlassen worden und
musste demnächst komplett saniert werden. Wohnung
Nummer zwei war gerade frisch gestrichen und sollte
demnächst vermietet werden. Ich wollte sie mir vorher
noch einmal ansehen. Immerhin war sie der Grund für

mein Abenteuer, hatte ich mich doch erst vor wenigen Monaten in sie verknallt.

Die Wohnungstür war nicht richtig abgeschlossen, und zu meiner Überraschung war eines der Zimmer verriegelt, das Badfenster stand weit offen – aber sie war immer noch lichtdurchflutet. Ich fragte bei der Hausverwalterin nach, ob sie das Zimmer abgeschlossen habe. Sie antwortete völlig ungerührt: »Nein, da werden sich wohl Drogenabhängige einquartiert haben. Das erlebe ich öfter.«

Wieder schockierte mich ihre Selbstverständlichkeit mehr als die Sache an sich. Diese Dissonanz zwischen dem, was ich als normal empfand, und dem, wie es war, schaffte ein ähnlich abgründiges Gefühl, wie man es auch bei Menschen hat, die plötzlich eine ganz fremde Seite an sich zeigen. Das Gefühl weicher Knie und das Gefühl von Panik, gefolgt vom Fluchtreflex. In beide meiner Wohnungen war jetzt innerhalb kurzer Zeit eingebrochen worden. In beiden Wohnungen lebten Drogenabhängige, legal und illegal. Und außer mir fanden das alle normal.

Zu dem Kreis der Freunde, die staunend Anteil nahmen an meinen Abenteuern im Osten, gehört auch Silke. Sie ist in Ostberlin aufgewachsen, hat in Halle studiert und kann bis heute mühelos mitten im Satz in astreines Sächsisch wechseln. Ihre Reaktion auf mein Entsetzen war schallendes Gelächter. »Na, das kannst du gar nicht verstehen, da muss ich mal rüberfahren und mit denen Klartext reden. Die sprechen natürlich nicht mit dir, weil du aus dem Westen bist. Da herrscht immer noch ein Stück DDR-Mentalität, das muss man kennen, um zu wissen, wie man sich den Leuten nähert.« Fast dreißig Jahre nach der Wende? Der durchschnittliche Leipziger war doch noch ein Kind, als die Mauer fiel? »Das ist egal«, winkte sie ab. »Es ist in der DNA. Da wirst du dich noch häufig wundern.« Das war nicht wirklich beruhigend, aber offenbar musste ich es nicht persönlich nehmen.

Trotzdem erwischte mich der nächste Tiefschlag wieder eiskalt. An einem herrlichen Sommer-Feiertag im Schwimmbad überraschte mich die Hausverwaltung mit folgender E-Mail über die verriegelte Zimmertür:

Sehr geehrte Frau Seidenspinner,
gerne möchte ich Sie über den Einbruch in die WE 04 informieren:
Leider konnten wir die Zimmertür nicht gewaltfrei öffnen. Daher entschieden wir uns in Ihrem Sinne für die kostengünstigere Variante, welche wir zügig reparieren können.
In dem Zimmer wurden, wie von mir vermutet, Decken entdeckt. Leider auch Anzeichen von Drogenkonsum. Diese Person hat an den Wänden auch seine Spuren hinterlassen, die beseitigt werden sollten.
Ich bitte um Bestätigung des Auftrags, die Folgen des Einbruchs zu beseitigen. Vielen Dank.

Angefügt waren, wie immer, Beweisfotos. Auf dem einen sah man die Spritzen und die sauber zusammengefalteten geblümten Kissen und Decken eines offenbar sehr ordentlichen Drogenabhängigen. Auf dem anderen das herausgebrochene Schloss und einen völlig zersplitterten Türrahmen. Darunter verstand die Hausverwalterin offenbar die »kostengünstigere Variante« des Türöffnens (vielleicht sollte ich noch erwähnen, dass es sich um die Originaltüren eines Hauses aus dem Jahr 1897 handelte).

Ich kochte. Und die zuständige Dame war direkt nach

Absetzen dieser E-Mail in den Urlaub gefahren. Meine Anschaffung wurde wirklich zunehmend lästig. Und längst war in den Gesichtern meiner Freunde der amüsiert-erstaunte Ausdruck entsetztem Mitleid gewichen. Doch jetzt hatte ich keine Wahl mehr, ich kam aus der Nummer nicht mehr raus.

An einem trüben Sommertag stehen meine Miteigentümer und ich gemeinsam mit Gutachter, Hausverwaltung und Hausmeister im Garten unseres Hauses in Leipzig. Wir betrachten die babyblaue Fassade, die in einem jämmerlichen Zustand ist. Und während die anderen offensichtlich eine Katastrophe sehen und viel über verschiedene Putzarten sprechen, drifte ich ab zur Farbpalette von Farrow and Ball. Wäre es nicht toll, ein richtiges Juwel aus diesem Haus zu machen? In Oxford Stone und French Grey? Neue Holzfenster vielleicht und ein Dachausbau mit Terrasse? Zugegeben, bis dahin gab es noch einiges zu tun, zum Beispiel den Sperrmüll entfernen und die Ursachen des beißenden Uringeruchs im Treppenhaus. Im Treppengeländer fehlen noch ein paar Sprossen mehr, und die Haustür hält kaum noch in ihren Angeln. Aber irgendwie stört es mich weniger als noch als bei meiner ersten Besichtigung mit dem Makler.

Verhaltensökonomen haben auch dafür eine Erklärung. Sie nennt sich »Besitztumseffekt«. Jeder kann das selbst an sich beobachten: Bevor man eine Prada-Tasche kauft, hält man sie für grotesk überteuert, nur Idioten würden so viel Geld für das bisschen Leder bezahlen. Hat man es getan, streichelt man versonnen über seinen tollen Fang und findet tausend Erklärungen, warum sie jeden Euro wert ist.

Die amerikanische Schriftstellerin Nora Ephron ersann dafür die ultimative Methode des Schönrechnens. Sie nennt sie »Amortisieren« und wendet sie immer dann an, wenn sie sich beweisen will, dass etwas unerhört Teures eigentlich quasi geschenkt ist. Dabei teilt sie den Preis durch die Anzahl der zu erwartenden Jahre des Gebrauchs. Wenn das nicht reicht, teilt sie weiter durch die Anzahl der Monate, Tage oder Minuten, so lange, bis sie zum Preis eines Cappuccinos gelangt. Das gleiche Prinzip funktioniert natürlich auch für Porsches, Bose-Kopfhörer, Miele-Küchengeräte oder eben Immobilien.

Im Garten unseres Hauses in Leipzig also sah ich nichts als Potenzial, etwas, das sich mit ein bisschen gutem Willen und Ärmelhochkrempeln bald in ein Gründerzeitjuwel verwandeln ließe. Der Gutachter hatte in seiner Weitsicht schon einen Kostenvoranschlag ausgearbeitet, den er an die Anwesenden verteilte: 16 000 Euro für die Renovierung des Treppenhauses, die Haustür käme extra. Für mich klang das annehmbar für den ersten Schritt Richtung Juwel, doch André und Christine wirkten schmallippig. Ihre Fragen an die Hausverwaltung konzentrierten sich auf die Problemmieter, den immer wiederkehrenden Sperrmüll, den Vandalismus. Ich muss sagen, sie waren sehr negativ. Auch der rotgesichtige Hausmeister, der zum Öffnen von Speicher und Keller angereist war, ließ kein gutes Haar an dem Gebäude und seinen Bewohnern, den »Fidschis«, »Neschern« und Arabern (damit meinte er alle Muslime). Von *political correctness* keine Spur.

Den Gipfel des Frusts erreichte unsere kleine Reisegruppe im Dachgeschoss: Die Speichertür ließ sich auch nach quälend langen zehn Minuten schwitzenden Gefummels nicht öffnen. Jemand hatte das Schloss beschädigt. Schließlich nahm mich Christine beiseite:»Also, ganz ehrlich, wir wären einem Verkauf nicht abgeneigt. So wie das hier aussieht, steckt da mehr Geld und Arbeit drin, als wir Lust haben.« Mein Herz machte einen Satz. Das ganze Haus! Ich würde es anmalen, wie ich wollte, irgendwann Balkone anbauen, das Dach neu gestalten! Von diesem Moment an konnte ich der Unterhaltung nicht mehr folgen, ich versuchte fieberhaft zu überschlagen, ob ich wohl genug Eigenkapital hätte, und wenn nicht, wen ich überreden könnte, mit einzusteigen. Während alle anderen recht bedröppelt aussahen, war ich quietschvergnügt und musste mich beherrschen, nicht zu hüpfen.

André, Christine und ich entschieden, alles Weitere bei einem Bäcker um die Ecke zu besprechen. So also werden große Deals eingefädelt, dachte ich, in einem Stehcafé an einer lauten, tristen Straße – nicht gerade glamourös. Bei Bienenstich und Apfeltaschen unterbreiteten sie ihr Angebot, und offenbar hatten sie die Sache vorher gründlich überlegt. Wir könnten entweder gemeinsam verkaufen, oder ich würde ihre Anteile übernehmen. Der Zeitpunkt sei günstig, weil ganze Häuser bessere Preise erzielten als einzelne Wohnungen, eine Folge des Immobilienfiebers bei Investoren. Alle suchten große Projekte, und der Markt sei leer gefegt.

Und dann rückten sie mit einer Zahl heraus, die mir wochenlang den Schlaf rauben sollte: 1400 Euro pro Quadratmeter. Das waren 48 Prozent mehr, als ich selbst noch vor vier Monaten bezahlt hatte. Ich war erschüttert. Hielten sie mich für bescheuert? Aber André und Christine, Eigentümer von hundert Eigentumswohnungen, Kenner der Szene und seit Jahren unterwegs als Jäger und Sammler, wirkten felsenfest überzeugt. Und sie machten klar, dass sie nicht mit sich handeln ließen. Wir vereinbarten eine Woche Bedenkzeit.

Ich verbrachte Stunden bei Immoscout und Immowelt, suchte nach ganzen Mehrfamilienhäusern, saniert und unsaniert, in Reudnitz und anderswo. Tatsächlich gab es so gut wie nichts. Eigentumswohnungen in der Gegend kosteten im Schnitt 1350 Euro pro Quadratmeter, genau wie vor vier Monaten auch, jedoch in einem erheblich besseren Zustand als unsere. Ich war ratlos. War das jetzt eine sensationelle Chance auf einen schnellen Gewinn, wenn ich verkaufte, oder würden die Preise weiter steigen? Konnten 1400 Euro überhaupt ein adäquater Preis sein für etwas, das ich noch kurz zuvor als Bruchbude bezeichnet (und empfunden) hatte?

Wenn sich etwas an dem Haus verändert hatte, dann eigentlich nur zum Schlechteren. In meinem Kopf entstand eine seltsame Schizophrenie: Die Eigentümerin sah das Potenzial, die goldene Zukunft und eine Rechtfertigung für den hohen Preis. Die Kaufinteressentin (für den übrigen Anteil) schreckte vor dem renovierungsbedürftigen Zustand und den Problemen des Hauses zurück. Ich brauchte einen nüchternen Moderator und bat meine Bank, mir die ganze Sache durchzurechnen.

Banken-Logik

Zur Berechnung der Finanzierungskosten für eine Immobilie gibt es diverse Internetrechner – und dann gibt es die Realität. Für das selbst genutzte Eigenheim eines Festangestellten herrscht zwischen beidem relativ hohe Übereinstimmung, aber sobald Komplikationen auftreten, verlangen die Banken kafkaeske Mengen an Unterlagen. Modernisierungsnachweise, Mietverträge, Grundbuchauszüge, Wirtschaftspläne, sämtliche andere, eigene Kredite, zertifizierte Gutachten und so weiter. Nach Auswertung aller Informationen schrieb mir Herr I.:

»Vermietete Wohnungen/Häuser werden über die Mieten als Ertragswertobjekte eingewertet. Bei diesen Wohnungen wurde als Marktwert ein Preis von 951 EUR/qm Wohnfläche angesetzt. Die von Ihnen gewünschte Summe könnten wir somit nicht darstellen, da wir des Weiteren bei vermieteten Immobilien auch nur maximal 80 Prozent des Marktwertes finanzieren.«

Der Moderator hatte gesprochen. Meine Miteigentümer wollten 48 Prozent über dem Marktwert, und keine Bank würde mir diese Differenz finanzieren. Tief in mir hörte ich einen lauten Plumps der Erleichterung. Keine Finanzierung, kein Haus, kein Stress. Ab sofort schalteten sich alle Ampeln auf Verkaufen.

So krasse Preissprünge wie jetzt in Leipzig erinnerten mich an Geschichten aus der Vergangenheit, aus der Zeit vor der Finanzkrise 2008 in den USA. Damals war eine riesige Spekulationsblase auf dem amerikanischen Immobilienmarkt entstanden, die Preise verdoppelten sich praktisch jährlich. Und weil jeder glaubte, sie würden einfach immer weiter steigen, kam das sogenannte *Flipping* in Mode. Man kaufte eine Immobilie nur, um sie kurze Zeit später wieder zu einem sehr viel höheren Preis zu verkaufen. Jeder machte das, Taxifahrer, Professoren, Putzkräfte, Ingenieure, Lehrer, Polizisten, Ärzte, es wurde zum Gesellschaftsspiel. Da man nie vorhatte, die Immobilie zu halten, schloss man sehr kurzfristige Kreditverträge ab, deren Raten man gerade so bedienen konnte.

Die Banken spielten das Spiel im großen Stil mit, finanzierten zu hundert Prozent, ohne Eigenkapital, ohne Einkommensnachweis und ohne Sicherheiten. Wertgutachten wurden ein Ding der Vergangenheit. Diese sogenannten *subprime credits* (Kredite mit schlechter Bonität) entwickelten sich zu einem Schneeballsystem, das nur funktionierte, solange immer neue Käufer hinzukamen.

Ein Hedgefonds-Manager namens Steven Eisman wurde auf die Sache aufmerksam, als ihm eine Stripperin erzählte, sie besitze bereits fünf Häuser und eine Eigentumswohnung in Florida. Der legendäre Investor Michael Burry wettete darauf, dass der Markt kollabieren würde, und verdiente damit schließlich 2,69 Milliarden Dollar. Die Geschichte der beiden Männer wurde später verfilmt unter dem Titel »The Big Short«.

Insgesamt löste das Platzen der amerikanischen Immobilienblase Verluste in Höhe von fünf Billionen Dollar aus, bei Banken, Pensionskassen, privaten Rentenfonds, Anleihen, Aktien und natürlich privaten Immobilienbesitzern. Acht Millionen Menschen verloren ihre Arbeit, sechs Millionen ihr Zuhause. Und all das allein in den USA.

Seither haben die Zentralbanken und auch die deutsche Bundesbank ein scharfes Auge auf den Häusermarkt als mögliche Quelle für Wirtschaftskrisen. Ab 2010 äußerte sich die Bundesbank regelmäßig öffentlich und eigentlich immer so: Für Wohnimmobilien hierzulande gibt es keine Liquiditätsblase, in einigen Regionen besteht aber die Gefahr, dass die Märkte überhitzen. Dort stehe die Ampel auf Gelb, denn in den 127 Städten des Indikators der Bundesbank sind die Preise von 2010 bis 2017 um fast 50 Prozent gestiegen; in den sieben Großstädten waren es gar mehr als 60 Prozent.

Der damalige Bundesbankvorstand Andreas Dombret sagte im März 2016 zu *Spiegel online*: »Es stimmt, die Preise für Wohnimmobilien sind (…) in den Metropolen und Metropolregionen deutlich gestiegen. Um von einer Immobilienpreisblase zu sprechen, müssen aber zwei weitere Anzeichen sichtbar werden: Erstens müssten die Kreditvergabestandards sinken, und zweitens müsste sich das Kreditvolumen deutlich ausweiten. Beim ersten Punkt sehen wir derzeit keine Probleme.«

Übersetzt heißt das, die Käufer bringen immer noch genug eigenes Geld mit, und die Banken sind vorsichtig beim Herausreichen der Kredite. Bleiben wir beim Beispiel meiner Finanzierung in Leipzig. Die Bank hatte sich bereit erklärt, mir höchstens 54 Prozent des Kaufpreises zu leihen. Sollten die Preise sinken, wäre damit ihre Sicherheit noch lange gewährleistet. Sollte ich meine Raten nicht mehr bezahlen, müssten sie den Kredit nicht als Verlust verbuchen, sondern könnten das Haus wahrscheinlich weiterhin gut veräußern. Wenn die Luft aus der Blase entweicht, bliebe sie also nicht auf einer überbewerteten Immobilie sitzen. Und darauf legt die Bundesbank wert: die Gesundheit der Banken. Es ist der systemische Blick auf den Markt.

Der Verlust des Privatmanns spielt in dieser Gleichung keine Rolle. Erinnern Sie sich aus der Zeit der Bankenrettungen an den Begriff »systemrelevant«? Das sind Sie und ich jedenfalls nicht. Wenn die Anlage eines Bürgers um 30 oder 50 Prozent an Wert verliert, ist das sein Problem. Auch wenn Tausende von Bürgern ihr Erbe in überteuerte Immobilien stecken, bleibt es dem System so

lange egal, wie die Banken die Preistreiberei nicht mitmachen.

Wenn die Profis also bei der Frage nach der Blase immer abwinken, sollte Sie das nicht beruhigen. Denn der
Nachsatz »in manchen Märkten gibt es erhebliche Über-
treibungen« bedeutet, dass schon viele andere die Idee
hatten, ihr Bargeld aus dem zinslosen Sparkonto in eine
Immobilie zu retten. Aber wenn die Zinsen wieder steigen, will all dieses Geld zurück auf das stress- und risiko-
freie Sparkonto oder auch in deutsche und amerikanische Staatsanleihen. Dann wird sich zeigen, was das Wort
Im-mobil-ie bedeutet: Man bekommt sie so schnell nicht
los.

Ein tolles Gefühl

Die Miteigentümer und ich hatten unser Haus in Leipzig
mittlerweile Engel & Völkers anvertraut. Das hob meine
Stimmung, wurde meine vermeintliche Schrottimmobilie
doch schon allein durch den Namen des Maklers veredelt.
Engel & Völkers bedeutet teuer. Und meine ursprünglich
40 000 Euro Eigenkapital waren jetzt eine »Liegenschaft«,
was schon ziemlich nach Latifundie klingt. In ihrer ersten
Einschätzung schrieben sie:

*»Nach Besichtigung der Liegenschaft von außen und dem Trep-
penhaus empfehlen wir, vor der Vermarktung Ihrer Liegenschaft
folgende Arbeiten vorzunehmen:*
Instandsetzung der Haustür
Erneuerung des Klingelschildes sowie Briefkastenanlage
Streichen und Instandsetzen des Treppenhauses

Sockelarbeiten der Rückfassade
Entrümpeln des Innenhofes und wenn nötig des Kellers
Sollten diese Arbeiten von Ihnen durchgeführt werden, können
wir uns einen Kaufpreis zwischen 960 000 – 1 000 000 Euro
vorstellen. Um eventuelle Marktspitzen ausloten zu können,
empfehlen wir den Exposé-Preis bei 1 050 000 Euro anzuset-
zen. «

Das war eine Punktlandung. Es entsprach ziemlich genau
den 1400 Euro pro Quadratmeter, die meine Miteigentümer aufgerufen hatten.

Warum aber lag zwischen der Einschätzung des Maklers und der Einschätzung der Bank ein Unterschied von
48 Prozent? Einer von beiden musste sich irren. Ich startete nochmals eine Finanzierungsanfrage, diesmal über
einen deutschlandweit agierenden Hypothekenmakler,
der mit vielen Banken und auch lokalen Sparkassen zu-
sammenarbeitet. Doch auch denen war die Sache nicht
mehr wert als 900 Euro pro Quadratmeter. Im Umkehrschluss hieß das: Nur Käufer mit sehr viel Eigenkapital
oder beleihbarem Besitz konnten sich diese Immobilie
leisten. Und sie mussten hoffen, dass die Preise weiterhin
stark stiegen.

Am Ende habe ich mich für meine irrationale Seite
entschieden und die Wohnungen in Leipzig behalten. Ich
organisierte einen Bauleiter, der sich als wahrer Glücks-
griff erwies, und ließ sie renovieren. Die Kosten für Dinge
wie Streichen, neues Laminat und Klodichtungen können
sich zu erstaunlichen Summen addieren, und ich musste
zusehen, wie aus meinem tollen Schnäppchen ein recht
durchschnittlicher Deal wurde. Als dann noch Schimmel
auftauchte, wandte ich wieder die Amortisierungsme-

thode von Nora Ephron an: einfach die Anzahl der Jahre verlängern, bis die Immobilie abbezahlt ist. Als die Wohnungen endlich vermietet waren, gratulierte mir die Hausverwaltung. Leipzig ist nicht München, es gibt dort immer noch mehr Wohnungen als Mieter, auch wenn die Prognosen der Immobilienbranche anders lauten. Ich beherberge jetzt insgesamt fünf Studenten, zwei davon im Alter meines Sohnes. Es ist ein tolles Gefühl.

7 WAS SIE TUN KÖNNEN – VON MIETEN BIS KAUFEN

Sowohl die Mieten als auch die Kaufpreise steigen. Bei vielen löst das Angst aus, und deshalb wollen sie etwas kaufen oder denken jahrelang darüber nach und tun dann doch nichts. Und wenn schon Aktienbooms die Menschen nervös vor Gier machen, dann erst recht ein Immobilienboom, weil es eben auch um ein sehr existenzielles Thema geht: einen Ort zum Leben zu haben, aus dem man nicht vertrieben werden kann.

Die Frage, ob mieten oder kaufen, kann wirklich nur jeder für sich selbst beantworten. Keinesfalls stimmen solche Pauschalausssagen wie »lieber einen Kredit abbezahlen als das Geld einem Vermieter in den Rachen schmeißen« – die Logik hinter vielen Mieten-oder-Kaufen-Rechnern im Internet. Immobilien sind, abgesehen vom Kaufpreis, mit hohen finanziellen, organisatorischen und emotionalen Nebenkosten verbunden, die man unbedingt im Auge behalten sollte.

Wollen Sie sich wirklich selbst um die kaputte Heizung kümmern oder sich abends auf Eigentümerversammlungen mit aufgebrachten Zahnärzten herumstreiten? Die Dachrinne freikratzen, den Rasen mähen? Hermann-Josef Tenhagen, Chefredakteur des gemeinnützigen Ratgebers *Finanztip*, nennt als Beispiel die junge Familie, die ins Grüne will:»Bleibt dann einer zu Hause? Und wenn nicht, wer kann zeitnah das Kind abholen, das gerade den ganzen Kindergarten vollgespuckt hat? Mit einem der jetzt wahrscheinlich zwei Autos?« Und er gibt zu bedenken, dass sich ein Neubau auf dem platten Land wie ein Neuwagen verhält: Sobald Sie den Schlüssel ins Schloss stecken, sinkt sein Wert um ein Drittel.

Wenn bei Ihnen bereits das Wort Steuererklärung bleierne Müdigkeit auslöst, sollten Sie sich vielleicht nicht das Leben schwer machen mit Finanzierungsplänen und Nebenkostenabrechnungen. Mieter genießen in Deutschland, allen Unkenrufen zum Trotz, nach wie vor sehr großen Schutz und bekommen das Rundum-sorglos-Paket. Außerdem werden die Mieten nicht unkontrolliert ins Unermessliche steigen. Gerade dort nicht, wo der Anstieg in den vergangenen Jahren am stärksten war, denn irgendwann werden die Menschen einfach ausweichen.

Der gemeinnützige Verbraucher-Ratgeber *Finanztip* rät, sich und seine Motive anhand dieser Liste zu überprüfen:

Sie sollten Mieter bleiben, wenn …

… Sie eher flexibel bleiben möchten oder müssen.

… Sie mit Schulden eher schlecht schlafen würden.

… Sie Ihre Wohnung einfach nur nutzen möchten.

… Sie keine unerwarteten Ausgaben haben möchten.

… es in Ihrer Stadt bereits keine günstigen Objekte mehr gibt.

… *Sie auch ohne Immobilie diszipliniert Geld fürs Alter zurücklegen.*

… *Sie bereit sind, Ihre Rücklagen langfristig am Aktienmarkt zu investieren.*

… *Sie Ihr Vermögen lieber aufteilen möchten, anstatt es in einen einzelnen Vermögensgegenstand zu investieren.*

Sie sollten kaufen, wenn …

… *Sie langfristig an einem Ort bleiben möchten.*

… *Sie die finanzielle Belastung einer Immobilie gut ertragen können.*

… *Sie sich gern um Ihre Immobilie kümmern möchten.*

… *Sie bereit sind, unerwartete Ausgaben für Reparaturen zu tragen.*

… *Sie ein günstiges Objekt gefunden haben.*

… *Sie ansonsten nicht ergänzend zur gesetzlichen Rente für das Alter vorsorgen würden.*

… *Sie nicht an die Chancen des Aktienmarktes glauben.*

… *Sie verstanden haben, dass eine Immobilie nicht automatisch wertstabil ist.*

Für beide Varianten (und auch Zwitterlösungen) stelle ich im Folgenden verschiedene Instrumente und Wege vor, die helfen, an eine Wohnung zu kommen oder die eigene günstig zu halten.

Mieterverein

Jedem Mieter kann man nur raten, Mitglied im Mieterverein zu werden. Im Jahr 2016 holten bereits eine Million Menschen juristischen Rat bei den Mietervereinen, laut

Deutschem Mieterbund landeten ein Viertel der Fälle vor Gericht. Der Vorteil für Vereinsmitglieder: Ihnen steht gegen eine geringe Selbstbeteiligung ein Anwalt zur Seite. Die Mitgliedshaft kostet weniger als eine Haftpflichtversicherung und die Wahrscheinlichkeit, sie in Anspruch zu nehmen, ist deutlich höher. Allein das Wissen, auf Rechtsbeistand zurückgreifen zu können, ist ungeheuer beruhigend.

Der Beratungsbedarf ist so groß, dass es mittlerweile sogar online Konkurrenz gibt. In Berlin hat sich eine Betriebswirtin mit einem Start-up namens MieterEngel selbstständig gemacht. Wer Mitglied wird, kann sich bundesweit telefonisch oder per E-Mail von einem Rechtsanwalt beraten lassen. Manchmal klappt das sogar noch am selben Tag, und man spart sich die langen Wartezeiten für die persönliche Beratung bei den Vereinen. Die MieterEngel bieten für 59 Euro Jahresbeitrag unbegrenzte Antworten von Partneranwälten. Für 129 Euro schreibt dieser Anwalt sogar zwei individuell auf den Fall abgestimmte Briefe.

Auch der Mieterbund, dem rund 300 Mietvereine angeschlossen sind, schläft nicht. Online kann man für 25 Euro innerhalb von sechs Stunden eine Antwort bekommen.

Mietpreisbremse

Für Kommunen, die die Mietpreisbremse anwenden (und das sind bei Weitem nicht alle!), gilt, dass ein Eigentümer bei Neuvermietung nicht mehr als zehn Prozent über der ortsüblichen Vergleichsmiete verlangen darf. Das Gesetz galt schon als gescheitert, doch jetzt wird es dank der SPD sogar verschärft. Vor allem die Auskunftspflicht des Vermieters soll erhöht werden, denn dort lief der konkrete Fall meist ins Leere. Der neue Mieter wusste nicht, was der alte Mieter bezahlt hatte.

Hilfe verspricht neben den Mietvereinen zum Beispiel auch das Internetportal wenigermiete.de. Dort kann man die Eckdaten der eigenen Wohnung angeben (sie muss *nach* Inkrafttreten der Mietpreisbremse angemietet worden sein), und das Portal mahnt gegebenenfalls eine zu hohe Miete schriftlich an und versucht, mit dem Vermieter zu verhandeln. Wenn das gelingt, werden vier Monate der Ersparnis als Honorar fällig. Es handelt sich also um eine Bezahlung auf Erfolgsbasis.

Allerdings: Zielführend ist diese Vorgehensweise erst, wenn man bereits eingezogen ist. In angespannten Wohnungsmärkten kommt man mit Fragen nach der Mietpreisbremse wohl kaum zu einem Mietvertrag.

Wohnungsgenossenschaften

Es gibt die Möglichkeit, in eine der etwa 2000 bereits existierenden Wohnungsgenossenschaften in Deutschland einzusteigen. Sie besitzen immerhin 2,2 Millionen Wohnungen, die sie an ihre Mitglieder vermieten, möglichst preisgünstig.

Bevor man allerdings einziehen kann, muss man sogenannte Pflichtanteile kaufen, und die können mehrere Hundert, aber auch Zehntausende Euro kosten; jede Genossenschaft entscheidet das nach dem eigenen Kapitalbedarf. Je älter eine Genossenschaft, desto günstiger sind diese Anteile in der Regel, und bei Auszug bekommt man sie zurück, verzinst.

Der Witz an einer Genossenschaft sind natürlich die geringen Mieten. Im Genossenschaftsgesetz steht, dass sie keine Gewinne erwirtschaften soll, sondern so arbeiten, dass ihre Mitglieder davon profitieren – also die Mieter.

Der Eintritt in eine Genossenschaft lohnt sich hauptsächlich für langfristig planende Menschen. Denn erstens kann es manchmal Jahre dauern, bis eine der begehrten Wohnungen frei wird. Und zweitens hat man dann lebenslanges Wohnrecht. Man sollte auch nicht zu schnell aufgeben. Bei vielen Genossenschaften kann man sich kostenlos auf die Warteliste setzen lassen.

In Hamburg zum Beispiel befinden sich etwa 20 Prozent der Mietwohnungen im günstigeren und mittleren Preissegment in der Hand von Genossenschaften. Und da es in der Stadt nur 81 000 geförderte Wohnungen gibt, obwohl nahezu jeder zweite Haushalt Anspruch darauf hätte, rentiert sich jede Art von Eigeninitiative.

Wer dann tatsächlich Geld in die Hand nimmt, sollte sich vorher mit Satzung und Geschäftsberichten der Genossenschaft auseinandersetzen. Wenn zum Beispiel auf 500 Genossen nur 30 Wohnungen kommen, ist das auf jeden Fall ein Warnsignal. Zur Beruhigung: Die Insolvenzquote von Genossenschaften liegt gerade mal bei 0,1 Prozent.

Mietshäuser Syndikat

Wer es gerne so richtig alternativ mag, den könnte das Mietshäuser Syndikat interessieren. Gegründet wurde es Anfang der Achtzigerjahre in – wen wundert's – Freiburgs Hausbesetzerszene. Sie entwickelten diese Idee: Mieter kaufen gemeinsam ihr Haus, schließen sich mit anderen gleichgesinnten Hauskäufern zu einem Syndikat zusammen und schaffen so ein bundesweites Netzwerk aus unverkäuflichen Häusern. Es ist ein gewagtes finanzielles Konstrukt und funktioniert so: Eine Hausgemeinschaft aus Mietern gründet einen Verein. Dieser Verein gründet gemeinsam mit dem Mietshäuser Syndikat eine GmbH. Und die kauft dann das Haus. Die üblichen 30 Prozent Eigenkapital müssen die Mieter irgendwie aufbringen, die Gelder können aber durch direkte Kredite von Freunden, Verwandten oder Unterstützern kommen. Beteiligt sind am Ende also viel mehr Menschen als Mieter, nämlich alle, die der GmbH das Geld für ihr Eigenkapital leihen. Der Bank ist das letztlich egal, solange sie im Grundbuch an erster Stelle steht. Für die Beratung, eine Beteiligung an den Gründungskosten und für die gute Sache bekommt das Syndikat Stimmrecht bei Angelegenheiten wie Hausverkauf, Umwandlung in Eigentumswohnungen oder ähnliche Zugriffe auf das Immobilienvermögen. Damit wird das Haus faktisch unverkäuflich.

Sinn ergibt dieses Konstrukt vor allem für unsanierte Häuser mit niedrigen Mieten. Statt sich herausmodernisieren zu lassen, bleiben die Mieter wohnen und entscheiden selbst, wann sie sich wie viel Renovierung leisten können.

Laut Webseite des Mietshäuser Syndikats wurden bundesweit mittlerweile 128 Immobilien »durch das Syndikat entprivatisiert«. Sie heißen »Mangelwirtschaft«, »schick-SAAL«, »Solidarischer Horst«, »Betriebsküche«, »die Meuterei« oder auch »Schlicht & Ergreifend«, und die meisten finden sich in Baden-Württemberg und Sachsen, in Bayern sucht man sie fast vergeblich.

Die Hausgruppe »Ligsalz8« ist eines dieser raren Exemplare. Sie gründete sich 2001 in München, zwanzig Leute taten sich damals zusammen und suchten sechs Jahre lang nach einem Objekt. Es ging schleppend voran, und manchmal, so erzählt Mitgründerin Sabine Herrmann, waren sie nur noch drei Genossen auf den Treffen. Doch schließlich fanden sie ein Haus im neuen Szeneviertel Westend, rund 220 Quadratmeter für 600 000 Euro. Sie kauften es mithilfe von insgesamt 40 DirektkreditgeberInnen, stockten es auf, und heute wohnen dort zwölf Erwachsene und ein Baby.

Es sind Handwerker, Ärzte, IT-ler, Designer, Wissenschaftler, ein Imker und ein Buchrestaurator. Von außen sieht es aus, als müsste es eigentlich in Hamburgs Hafenstraße stehen: bunt bemalt mit Szenen vom Kampf gegen die Spekulanten. Das Erdgeschoss wurde zur Gemeinschaftsfläche, sozusagen ein hundert Quadratmeter großes Wohnzimmer mit Küche; und jeden ersten Sonntag im Monat veranstalten sie ein öffentliches Brunch. Selbst ein Chor nutzt den Raum, »Ligsalz8« will in das Viertel hineinwirken, sagt Mieterin Sabine Herrmann.

Jedes Zimmer in einer der drei WGs kostet 360 Euro warm, in München zahlt man sonst gern doppelt so viel. Dafür gibt es aber alle zwei Wochen eine Plenumssitzung, mehrere Stunden Verwaltungsarbeit im Monat und Diskussionen über solidarisches Wohnen. Wenn einer auszieht, entscheidet das ganze Haus über den Nachfolger. Es ist ein bisschen wie Elterninitiative für immer, mit Putzkraft für die Grundreinigung.

Die Direktkredite an die GmbH sind nicht an einzelne Wohnungen oder Zimmer gekoppelt und werden übrigens auch nie getilgt. Das Modell versteht sich eher als eine Art Sparschwein, mit dem man Gutes tut. Das Geld wird dort geparkt und bis zu zwei Prozent verzinst. Wer rauswill, kann seinen Kredit kündigen, und die GmbH sucht dann einen Ersatzgeldgeber.

Aus der Gründungsgruppe der »Ligsalz8« wohnen neben Sabine Herrmann inzwischen nur noch zwei im Haus. Für die Finanzierung war das kein Problem.

Baugruppen

Eine Freundin in Hamburg beteiligte sich an einer Baugruppe. Es handelte sich zunächst nur um ein Grundstück in der Hamburger HafenCity, das von der Stadt für Menschen reserviert worden war, die ihre Wohnung eben nicht über große Bauunternehmen kaufen wollten, sondern die Sache lieber selbst in die Hand nahmen − die davon träumten, in einer preisgünstigen und individuell geplanten Wohnung in einer tollen Hausgemeinschaft zu leben.

Ich besuche diese Freundin zwei- bis dreimal im Jahr. Etwa um die Zeit, als ihre Zwillinge ein Jahr alt waren, entstand die Idee nach der Suche einer größeren Wohnung und ebendieser Baugruppe. Seither sah ich nur noch sie *oder* ihren Mann, denn einer war immer auf irgendeiner Sitzung. Es gab eine AG Vertrag, eine AG Architektur, eine AG Dachterrasse, die AG Innenhof, AG Gemein-

schaftsraum, AG Keller, AG Finanzen und eine AG Umzug.

Meine Lieblingsgeschichten waren die von der Namen-
findungsgruppe. Wochenlang stritten sich die 70 Parteien
darüber, ob ihr Haus Tide-Karree, Hafenkieker oder Fleet-
Quartier heißen würde. Sie entwickelten eine Kriterien-
Matrix zur Namensfindung (peppig, zeitlos, unverwech-
selbar, historischer Bezug, maritimer Bezug, Klang,
Schriftbild), bevor überhaupt der Aushub für die Tiefga-
rage begonnen hatte. Gelegentlich warf ich einen Blick
auf die windige Brache, wo das alles einmal stehen sollte,
und dachte: Gute Idee, aber ...

Aufmerksam geworden waren sie auf das Grundstück
auf den Baugruppentagen in Hamburg und fanden den
Platz »nicht so toll, aber bezahlbar«. Sechs lange Jahre
zählten sie Steckdosen nach, diskutierten über Wärme-
dämmverbundsysteme und Parkettaufbauhöhen, welches
Stockwerk welchen Preis wert ist und ob es für Kinder
Bonuspunkte gibt. Allein der erste Notartermin dauerte
acht Stunden. Sanitärfirmen machten Fehler oder gingen
gleich pleite.[1] Und als ihre Zwillinge in die zweite Klasse
kamen, konnten sie endlich einziehen.

Meine Freundin sagt rückblickend, sie hätte es damals
wohl nicht gemacht, hätte sie geahnt, was auf sie zukommt.
Wahr ist allerdings auch: Jetzt ist sie sehr glücklich mit
ihrer großen, schicken Wohnung und der Gemeinschaft.
Es gibt einen Yoga-Kurs, einen Kindermalkurs und eine
private Fitnesstrainerin, Aufräumtage und Filmabende.
Nur die Ausstattung für die E-Autos, die Waschmaschi-
nenanschlüsse (zu hoch) und die Ästhetik des Innenhofs
würde sie beim nächsten Mal anders planen.

Es ist wohl ein bisschen wie mit einem Kind: Man

muss sich darauf einlassen, dann kann es auch ganz toll werden.

Solche Genossenschaften und Gruppen gibt es in allen großen Städten, mit Projektentwicklern und ohne, mit professionellen Baubetreuern und ohne. Aber immer ist die Idee, kostengünstiger zu bauen im Tausch für viel Eigeninitiative, Zeit und Geduld.

Kaufen auf dem freien Markt

Zunächst sollte man sich entscheiden zwischen Kapitalanlage oder Eigennutzung. Der Versuch, die Eier legende Wollmilchsau zu finden, scheitert bei der Immobiliensuche nämlich genauso wie bei der Partnersuche. Ein einzelnes Objekt kann unmöglich alle Wünsche erfüllen. Die süße Zweizimmerwohnung mit dem tollen Parkett ist zwar für Ihre Familie zu klein und viel zu teuer, aber wenn Sie mal alt sind, könnten Sie selbst einziehen? Sinnlos. Sie wissen nicht, wo Sie sich in zehn Jahren unter welchen Lebensumständen befinden, geschweige denn in zwanzig Jahren. Sie wissen noch nicht einmal, ob Sie dann noch auf Parkett stehen.

Vielleicht für die Kinder? Auch die machen erfahrungsgemäß nicht, was man sich vorstellt, ziehen um in andere Städte oder wollen lieber in eine WG. Selbst die eigenen Eltern können noch im hohen Alter mit ihrer Starrköpfigkeit überraschen und Ihre »praktische Lösung« rundweg ablehnen. Also ist die Zweizimmerwohnung eine Kapitalanlage. Die muss nicht gefallen, sondern nur dem brutalen Blick des Investors standhalten.

Alle nachfolgenden Ausführungen beziehen sich ausschließlich auf die Frage, ob sich die Investition lohnt. Auch für wen Geld keine Rolle spielt, wer sich unsterblich in ein Objekt zum Selbstbewohnen verliebt hat oder einfach in einer ganz bestimmten Gegend leben *muss*, dort aber nichts zur Miete findet, sollte dem einen oder anderen Tipp folgen, um Schaden abzuwenden. »Irrationalität muss man sich leisten können«, warnt Hermann-Josef Tenhagen von *Finanztip* im Interview. Als Chefredakteur von *Finanztest*, einem Monatsmagazin der Stiftung Warentest, beschäftigte er sich 15 Jahre lang mit den Geldfragen des Durchschnittsbürgers.

Verhältnis zwischen Kaufpreis und Mietniveau

Die meisten Menschen wollen eine Immobilie in einem ganz bestimmten Ort, wenn nicht sogar in einem bestimmten Viertel besitzen. Machen Sie sich Ihre Ortskenntnis zunutze und rechnen Sie das Verhältnis zwischen Kauf- und Mietpreisen aus. Suchen Sie dazu *vergleichbare* Objekte in Immobilienportalen, also gleiche Wohnfläche, gleiches Alter, gleiche Ausstattung, gleiche Lage, jeweils zum Kauf und zur Miete.

Teilen Sie den Kaufpreis der einen Wohnung durch die Jahreskaltmiete der Vergleichswohnung (sollte ein Kaufobjekt vermietet sein, nehmen Sie die angegebene Miete). Bis zum Faktor 20 sind die Kaufpreise im Vergleich zur Miete relativ günstig, ab 25 relativ teuer – so lautet die Faustregel. Warum? Weil ein Faktor 20 nichts anderes bedeutet als den Kehrwert einer Mietrendite von fünf Prozent im Jahr. Und kühl rechnende Kapitalanleger wollen mindestens diese fünf Prozent Rendite, sonst legen sie ihr

Geld lieber in Aktien an. Dort hätte man in den vergangenen dreißig Jahren im Schnitt acht Prozent geholt. Allerdings: In Aktien kann man sich nicht verlieben, man kann sie nicht renovieren, nicht anmalen, und eine Dachterrasse haben sie auch nicht.

Dem Verhältnis zwischen Kauf- und Mietpreisen widmet das Frühjahrsgutachten der *Immobilienwirtschaft* 2018 besondere Aufmerksamkeit:

»Die Kaufpreise sind auch im Jahr 2017 wieder stärker gestiegen als die Mieten, was auf das niedrige Zinsniveau zurückgeführt werden kann. Bundesweit ist die Preisübertreibung mit 21 Prozent zwar überschaubar, aber sie steigt weiter.«

Das Forschungsinstitut Empirica hält die Renditen in den sogenannten A-Städten (München, Frankfurt, Stuttgart, Hamburg, Berlin, Düsseldorf und Köln) für nicht mehr ausreichend. Es »verbleibt kein Risikopuffer für steigende Zinsen, Mietausfälle oder unvorhergesehenen Sanierungsbedarf«.

»Nach nunmehr acht Jahren historisch niedriger Zinsen und steigender Preise schleicht sich bei den Marktteilnehmern die Erwartung ein, dass Wohnungspreise praktisch immer nur steigen könnten oder zumindest nach unten abgesichert wären. Dies ist aber ist nicht der Fall. Insofern die Zinsen zu einem ›normalen‹ Niveau – wie auch immer dies bestimmt wird – zurückkehren, werden die Preise sinken.«[2] Das bedeutet nichts anderes, als dass wir uns teilweise in einer Blase befinden, einem künstlich aufgeblähten Markt. Bei diesem Begriff gibt es übrigens semantische Unterscheidungen, die immer wieder für Verwirrung sorgen.

Für das Forschungsinstitut Empirica entsteht dort eine

Blase, wo Immobilien deutlich zu teuer sind. Für die Bundesbank handelt es sich erst um eine Blase, wenn Banken diese Übertreibung finanzieren. Ein Beispiel:

Sie kaufen eine Eigentumswohnung in München für eine Million Euro. Laut Empirica sollte sie gemäß der Rendite aber nur 700 000 kosten. Sie kaufen also eine Blase.

Laut Bundesbank sollte die Wohnung auch nur 700 000 Euro kosten. Tatsächlich haben Sie aber 60 Prozent Eigenkapital eingebracht (statt der üblichen 30) und die Übertreibung damit selbst finanziert. Für die Bundesbank ist es deshalb keine Blase.

Das Verhältnis von Kaufpreisen zu Mietpreisen kann man auch verwenden, um sich auszurechnen, wie lange man benötigt, eine Immobilie abzubezahlen. Die *Berliner Morgenpost* hat sich Ende 2017 die Mühe gemacht, dafür ein interaktives Tool zu entwickeln. Sie wertete die mittleren Preise der Kaufangebote und der Angebotsmieten in den 1375 Postleitzahlbereichen aller 79 großen deutschen Städte aus, basierend auf den Angaben des Immobilien-Dienstleisters CBRE. Und dann stellte sie die Frage: Wie lange würde es dauern, um mit einer ortsüblichen Kaltmiete den Kredit für eine durchschnittlich große Eigentumswohnung zu tilgen? Die Ergebnisse sind aufgeteilt in Städte und Stadtteile über und unter 25 Jahre bis zur Abbezahlung. Solche Rechner ersetzen nicht die konkrete Recherche, geben aber einen guten ersten Überblick.[3]

Und was, wenn die Wohnung im Wunschviertel unerreichbar teuer ist? Sollten Sie dort günstig zur Miete wohnen – bleiben Sie in der Wohnung und investieren Ihr Geld in Indexfonds. Oder denken Sie über einen Umzug

186

in ein günstigeres Viertel nach, eines, das vielleicht in zehn Jahren genauso angesagt sein wird wie Ihr Lieblingsviertel.

Bauen

Für das Bauen gibt es aus gutem Grund ganz eigene Bücher, so komplex ist die Materie. Auch hier gilt ganz generell: Lage, Lage, Lage. Das Bundesinstitut für Bau-, Stadt- und Raumforschung hat errechnet, dass Kleinstädte und ländliche Gemeinden schrumpfen, und zwar sowohl im Westen als auch im Osten. Für den Wiederverkaufswert von Immobilien in diesen Gegenden ist das fatal. Viele vergessen in der heutigen Diskussion, dass bundesweit 1,7 Millionen Wohnungen leer stehen. Dabei handelt es sich nicht zuletzt um Einfamilienhäuser, die keiner haben will – weil der Bungalow nicht mehr zeitgemäß ausgestattet ist oder sich die Geschmacksverirrungen von vor zwanzig Jahren als unverkäuflich erweisen. Wer heute baut, riskiert aber, die Geschmacksverirrung von morgen zu produzieren.

Wenn man sich trotzdem verwirklichen will oder einfach keine Lust auf dauerndes Renovieren hat und deshalb den Neubau bevorzugt, sollte man sich unbedingt beraten lassen. Wer vom Bauträger kauft: Erkundigungen einholen, keinesfalls drängeln lassen (»Sie müssen sich schnell entscheiden, es ist das letzte Haus«). Ziehen Sie einen Architekten zurate, der sich auskennt. Und bedenken Sie, das günstigste Angebot ist nicht unbedingt das beste, sondern vielleicht nur das verzweifeltste. Eine gute Anlaufstelle bietet die gemeinnützige Verbraucherschutzorganisation Bauherren-Schutzbund e.V. Sie berät bei

Bauvorhaben, Immobilienerwerb oder Modernisierungs-
vorhaben – von der Vertragsprüfung bis zur Qualitätskon-
trolle.

Lage, Lage, Lage

Egal ob Haus oder Stadtwohnung: »Kaufen Sie da, wo Sie
sich auskennen«, rät Hermann-Josef Tenhagen von *Finanztip*. Bayern sollten sich keine Ferienwohnungen an
der Nordsee anschaffen und Fischköpfe nicht in den bayerischen Wald investieren. »Es gibt Leute, die laufen dreimal
in einen Laden, bevor sie die Handtasche kaufen, aber die
Immobilie nehmen sie unbesehen. Das ist die Vorstellung
vom leistungsfreien Einkommen, so funktioniert das
nicht.« Er ist der Auffassung, dass man sich an Handwerkern ein Beispiel nehmen kann. Die kaufen das Haus, in
dem sie ihren Betrieb haben, richten die Wohnungen in
Eigenleistung her und kaufen vielleicht noch eine Immobilie zusammen mit einem Kollegen, der ein anderes Ge-
werk beherrscht. Alles nach und nach und präzise kalkuliert, in einer Gegend, in der sie seit Jahrzehnten unterwegs
sind.

Schwarmstädte

Harald Simons ist Forscher an der Leipziger Hochschule
für Technik, Wirtschaft und Kultur und beobachtet mit
großer Leidenschaft die neuen deutschen Wanderwege.
Früher wollten zum Beispiel alle jungen Leute aus dem
Osten in den Westen oder vom Norden in den Süden. Seit

der Jahrtausendwende verteilen sie sich nicht mehr gleich-
mäßig dorthin, wo die Jobs sind. Sie ziehen in die Städte,
und zwar nur in ganz bestimmte »Schwarmstädte«. Nicht
dazu gehören Essen, Dortmund, Bremen, Bielefeld, Saar-
brücken und Wiesbaden. Mainz, Darmstadt, Heidelberg,
Bamberg oder Leipzig hingegen schon. »Wir stellten fest,
dass manche mittelgroße Städte sogar stärker wachsen als
die Großstädte, und fragten uns, warum? Liefen die Menschen vielleicht den Jobs hinterher? Nein. Kreise wie der
Westerwald bieten 6000 neue Internet-Jobs, trotzdem
geht die Einwohnerzahl zurück. Wer in Merseburg arbeitet, wohnt in Leipzig. Es gibt sogar Pendler aus Berlin zu
VW in Wolfsburg, mit dem ICE dauert das eine Stunde
fünfzehn.«

Die 20- bis 35-Jährigen sind umzugsfreudig, mobil und
»rotten sich zusammen«, so Simons. Sie wollen da sein, wo
schon die anderen sind. Sie wollen die richtigen Restaurants, die Bio-Supermärkte, die Kultur, die Szene und die
Work-Life-Balance. Dazu genügt eben nicht nur ein Job,
den haben in Deutschland im Moment fast alle, und Fach-
kräftemangel herrscht vor allem im ländlichen Raum und
im Ruhrpott. Die Gleichung starkes Wirtschaftswachstum
ist gleich Zuwanderung gilt in Zeiten des allgemeinen
Aufschwungs nicht mehr. »Der Dreißigjährige lebt lieber
prekär in Berlin als mit einer Lebenszeitbeschäftigung bei
einem Dax-Unternehmen im Ruhrgebiet«, erzählt Simons.

Eine Schwarmstadt muss schön sein, urban, mit einem
echten Zentrum und mit dem Fahrrad erreichbar. Die
Universität ist ein Must-have. Sie besitzt einen gewissen
Ruf, ein *je-ne-sais-pas-quoi*, eine Coolness. Das jedenfalls
sind die Städte mit dauerhafter Wachstumschance und daher interessant für Wohnungskäufer – wenn die Preise

nicht schon zu hoch sind. Besonders bei den Großstädten lohnt sich manchmal ein Blick auf nahe gelegene Schwarmstädte. Passau zum Beispiel ist im Vergleich zu München etwa 100 Prozent günstiger, Berlin 42 Prozent teurer als Leipzig.

Übrigens gibt es auch falsche Schwarmstädte. Wenn der Zuzug nur aus dem direkten Umland erfolgt, ist er zwangsläufig endlich. Das bedeutet, der Ort ist nicht wirklich attraktiv, sondern nur besser als das Dorf, aus dem man flüchtet. Städte wie Bottrop, Kaiserslautern oder Remscheid erleben zurzeit einen solch trügerischen Boom, denn auch dort sind die Zinsen niedrig, und die Bürger plagt eine diffuse Angst um ihr Geld. Also investieren sie es in Immobilien und setzen es möglicherweise in den Sand, weil niedrige Zinsen den Preisverfall künstlich gestoppt haben. Eine Liste der echten Schwarmstädte findet sich im Anhang.

Bieterverfahren

In den Metropolen scheint es im Moment, als hätten Käufer das schlechtere Blatt. Zu wenig Angebote, zu viel Druck und ein Zinsniveau, mit dem sich scheinbar jede Finanzierung schönrechnen lässt. Es entsteht ein irrationaler Hype, ähnlich dem Bitcoin-Rausch. Irgendwie ahnt man, dass das nicht gut gehen kann – oder vielleicht doch?

In begehrten Lagen kommt es mittlerweile immer häufiger zum Bieterverfahren. Das war eigentlich ein Verkaufsinstrument für Ladenhüter. Jetzt setzen gewiefte Makler auf das psychologische Element einer Versteigerung, weil Menschen sich von der Wettbewerbssituation zu höheren Preisen hinreißen lassen. Besonders gefährlich sind verdeckte Verfahren, bei denen man raten muss, wo die Konkurrenz steht. »Es ist Wahnsinn, was da zurzeit an Preisen aufgerufen und erzielt wird, selbst wenn noch 100 000 Euro für eine Sanierung fällig werden«, sagt Uta Maria Schmidt, Immobilienexpertin der Verbraucherzentrale Rheinland-Pfalz.[4]

Früher ließ man Objekte von Gutachtern oder Experten der Bank taxieren. In einem Markt der verzweifelten Käufer scheint dafür keine Zeit mehr. Selbst der Wunsch nach einer Begehung des Heizungskellers oder des Dachgeschosses kann einen in umkämpften Lagen in Ungnade fallen lassen.

Trotzdem sollten Sie darauf bestehen, auch mit Hinweis auf die Finanzierung. Gerade wenn eng kalkuliert wurde, verlangen die Banken oft Auskünfte über den baulichen Zustand des Hauses. Und wenn der dann nicht dem Preis entspricht, haben beide Seiten viel Zeit und womöglich Geld verloren. Listen für neutrale Gutachter kann man beim Gutachterausschuss in der Kommune erfragen oder auch bei den Industrie- und Handelskammern.

Persönliche Checkliste für den Haus- oder Wohnungskauf

Gehe ich davon aus, die Immobilie mindestens zehn Jahre zu halten? Die hohen Kaufnebenkosten amortisieren sich nur über einen längeren Zeitraum. Außerdem müssen bei einem vorzeitigen Verkauf mögliche Gewinne zum Einkommenssteuersatz versteuert werden.

Habe ich mindestens 20 Prozent Eigenkapital plus Kaufneben-kosten?

Schaffe ich die Tilgung bis spätestens zur Rente, besser noch zehn Jahre vorher?

Tilgung und Finanzierung sollten laut Faustregel gemeinsam sechs Prozent ergeben. Wenn der Zins also etwa zwei Prozent beträgt, sollten Sie mindestens vier Prozent tilgen.

Kurze Laufzeiten versprechen derzeit niedrigere Zinsen – aber rechnen Sie ruhig mal durch, was passiert, wenn sich der Zinssatz für die Restschuld danach verdoppelt. Es ist nicht sinnvoll, so lange an den Kreditbedingungen zu schrauben, bis die monatliche Belastung zum Einkommen passt. Die Konstruktion muss dauerhaft tragfähig sein.

Menschen trennen sich, Pläne scheitern. Auch wenn man ein Zuhause kauft, ist die Immobilie trotzdem primär eine Riesenkapitalanlage. Wer im Grundbuch steht und wie man abbezahlt, sollte man ohne rosa Brille entscheiden.

Kurz und knapp

Es bedarf unbedingt einer ehrlichen Bestandsaufnahme, die alle Faktoren einbezieht. Die entsprechenden Rechner für Zinsen, Eigenkapitalrendite, Steuern etc. findet man überall im Internet. Wer sie nicht bedienen kann, nicht versteht oder sich vor allem scheut, was mit Zahlen zu tun hat, der sollte unbedingt einen unabhängigen Berater aufsuchen. Der ist auf jeden Fall billiger als eine Fehlentscheidung oder auch gar keine Entscheidung. Nicht realisierte Gewinne oder Wertsteigerungen sind kaufmännisch gesehen das Gleiche wie ein Verlust. Wir nehmen es nur emotional nicht so wahr, und deshalb haben wir mehr Angst vor dem Risiko als vor schleichender Enteignung durch die Inflation.

Auch die Tatsache, dass Eigenheimbesitzer bis zur Rente statistisch ein größeres Vermögen aufbauen als Mieter, hat vor allem psychologische Gründe. Nicht die Investition ist besser, sondern er lebt nachweislich sparsamer als die anderen und verbringt seinen Sommerurlaub im eigenen Garten statt auf Mallorca.

Für die allermeisten Menschen ist eine Immobilie die größte Investition ihres Lebens, mit der sie jedoch keinerlei Erfahrung haben. Es liegt auf der Hand, dass man nichts überstürzen und sich gut informieren sollte. Man geht nicht einfach in ein Geschäft und kommt mit einem Haus heraus, der Prozess dauert unter Umständen Jahre. Und wenn Sie sich schließlich in etwas verliebt haben – seien Sie klug und lassen sich von einem unabhängigen Gutachter beraten. Vor allem beim Neubau.

Aber keine Angst: Auch wenn die Zahlen dagegen sprechen, dürfen Sie natürlich trotzdem die Wohnung in Ihrem Traumviertel kaufen. Am Ende sind gerade selbst genutzte Immobilien immer eine zutiefst emotionale Angelegenheit und eben nicht nur ein Renditeobjekt – wenn Sie es sich leisten können.

ANHANG

Anmerkungen

1. Ein Home zum Preis von einem Castle – was ist hier eigentlich los?

1 Quelle: CBRE auf Datenbasis empirica-systeme

2 *The Economist*, 14. April 2018

3 Richard Wilkinson und Kate Pickett, *Gleichheit ist Glück. Warum gerechte Gesellschaften für alle besser sind*, Berlin 2010

4 Markus Meinzer, *Steueroase Deutschland. Warum bei uns viele Reiche keine Steuern bezahlen,* München 2016

2. Lieber Düsseldorf als Dubai – ausländische Investoren

1 *Global Property Guide 2017,* www.globalpropertyguide.com/Asia/China/Price-History

2 Rubina Real Estate GmbH, »Wie China investiert. Berliner Immobilienmarkt im Fokus chinesischer Investoren«

3 *Die Zeit*, 11. Januar 2018, »Rettet die Stadt!«

4 *Süddeutsche Zeitung,* 6. September 2016, Thorsten Schmitz, »This way, please«

5 *Frankfurter Allgemeine Zeitung,* 1. September 2016, Christoph Mäckler, »Von Haus aus missglückt. Im Würgegriff des Bebauungsplans«

6 *Spiegel Online,* 16. Januar 2018, »Immobilienmarkt 2017: Ein Boom, von dem die Mittelschicht nichts hat«

3. Geldwäsche im großen Stil? Russische Waschsalons, Pizza und die teuersten Krawatten der Welt

1 Prof. Dr. Kai Bussmann, Dunkelfeldstudie über den Umfang der Geldwäsche in Deutschland und über die Geldwäscherisiken in einzelnen Wirtschaftssektoren

2 *Handelszeitung,* 23. Mai 2012, Claude Baumann, »Deutsche Banken buhlen um Schweizer Schwarzgeld«

3 ebenda

4 Bundeskriminalamt, Jahresbericht 2016, Financial Intelligence Unit Deutschland

5 ZDF, Frontal 21, 8. Februar 2011, »Schwarzgeld: Geldwäsche auf Russisch«

6 ebenda

7 Markus Meinzer, *Steueroase Deutschland. Warum bei uns viele Reiche keine Steuern bezahlen,* München 2016

8 *Der Spiegel,* 33/2007, S. 52

9 *The New York Times,* 15. März 2018, »Britain Hints at Tougher Blow Against Russia: Stripping Tycoons' Assets«

10 Prof. Dr. Kai Bussmann, Dunkelfeldstudie über den Umfang der Geldwäsche in Deutschland und über die Geldwäscherisiken in einzelnen Wirtschaftssektoren

11 *Süddeutsche Zeitung,* 7. November 2017, »Hier wohnt die Angst«

12 http://www.europarl.europa.eu/ep-live/en/committees/video?event=20170621-1500-COMMITTEE-PANA

13 NPR, Podcast Planet Money # 807, Anatomy of a Hustle

14 Bundeskriminalamt, Fachstudie »Geldwäsche im Immobiliensektor in Deutschland«

15 *The New York Times,* 7. Februar 2015, »Towers of Secrecy – Stream of Foreign Wealth Flows to Elite New York Real Estate«

16 *Berliner Zeitung,* 8. Mai 2018, »Der Deal hinter der Bühne – Der Kudamm-Komplex Teil 1«

17 https://www.tagesschau.de/ausland/oligarchen-russland-eu-101.html

18 *Der Spiegel,* 7. Januar 2013, »Zweifelhafter Freund«

19 *Berliner Zeitung*, 16. Mai 2018, »Das Matrjoschka-Prinzip – Der Ku-damm-Komplex Teil 2«

20 *Spiegel Online*, 19. November 2012, »Deutschland ist die zweite Heimat der 'Ndrangheta«

21 *Der Tagesspiegel*/DPA, 17. Juni 2018, »Mafia-Geldwäsche im Immobiliensektor«

22 http://www.europarl.europa.eu/ep-live/en/committees/video?event =20170621–1500-COMMITTEE-PANA

23 Das Erste, Monitor, 12. Oktober 2017, »Deutschlands Immobilienmarkt: Ein Paradies für Geldwäsche«

24 http://www.europarl.europa.eu/ep-live/en/committees/video?event =20170621–1500-COMMITTEE-PANA

4. Der Urknall – vom gemeinnützigen Wohnungsbau an die Börse

1 Jan Kuhnert/Olof Leps, *Neue Wohnungsgemeinnützigkeit. Wege zu langfristig preiswertem und zukunftsgerechtem Wohnraum*, Wiesbaden 2017

2 www.gewobag.de/reichsforschungssiedlung-1280.html

3 Rede des Bundeskanzlers in der 41. Sitzung des Deutschen Bundestags zum Wohnungsbaugesetz, 24. Februar 1950

4 Geschäftsbericht der Ruhrwohnungsbau AG, 31. Dezember 1929

5 5. Geschäftsbericht der Ruhrwohnungsbau AG, 31. Dezember 1933

6 https://www.konrad-adenauer.de/dokumente/erklaerungen/1950-02-24-rede-wohnungsbaugesetz

7 Jan Kuhnert/Olof Leps, *Neue Wohnungsgemeinnützigkeit. Wege zu langfristig preiswertem und zukunftsgerechtem Wohnraum*, Wiesbaden 2017

8 https://www.ruhrnachrichten.de/Staedte/Dortmund/Die-Westerfilde-Videos-eine-Dokumentation-Plus-355018.html?overlay-registration= true&NewReg=true

9 *Die Zeit*, 8. September 2005, Wilfried Herz, »Das größte Geschenk aller Zeiten«

10 ebenda

11 *Die Zeit*, 8. September 2005, Wilfried Herz, »Das größte Geschenk aller Zeiten«

12 BBSR, »Ende der zweiten Hochphase des Transaktionsgeschehens mit Wohnungsbeständen«, 2016 und BBR Bericht 3/2008

13 Jan Kuhnert/Olof Leps, *Neue Wohnungsgemeinnützigkeit. Wege zu langfristig preiswertem und zukunftsgerechtem Wohnraum*, Wiesbaden 2017

14 *Ruhr Nachrichten*, 29. Mai 2014, Tobias Großekemper, »In der Westerfilder Spirale«

5. Was können wir tun? – Hässliche Sozialwohnungen und schicke Zweitwohnungen

1 *Süddeutsche Zeitung*, 10. November 2017, Gastbeitrag von Hans-Jochen Vogel, »Die verdrängte Herausforderung der steigenden Baulandpreise«

2 Quelle: Immowelt

3 *Online Focus*, 29. Mai 2017, »Hunderttausende Wohnungen zu wenig: Über ein Problem wird viel zu selten gesprochen«

4 Andrea Dittrich-Wesbuer, Rainer Danielzyk, »Grenzenlos in Raum und Zeit«. In: *polis* (1) 2018, S. 36–38

5 *Süddeutsche Zeitung,* 11. Januar 2018, »Bauen mit Vollkasko-Mentalität«

7. Was Sie tun können – Von Mieten bis Kaufen

1 *Der Spiegel*, 3. Dezember 2016, »Platz nicht so toll! Aber bezahlbar«

2 Frühjahrsgutachten der *Immobilienwirtschaft* 2018

3 https://interaktiv.morgenpost.de/wohnung-mieten-kaufen/

4 *Süddeutsche Zeitung*, 2. März 2018, Immobilien

Junge Schwarmstädte in Deutschland 2015

Alphabetisch	nach Wachstum bei den 15- bis 34-Jährigen
Augsburg	1. Leipzig
Bamberg	2. Frankfurt
Berlin	3. München
Bonn	4. Trier
Braunschweig	5. Darmstadt
Chemnitz	6. Regensburg
Darmstadt	7. Heidelberg
Dresden	8. Dresden
Düsseldorf	9. Karlsruhe
Erfurt	10. Stuttgart
Erlangen	11. Jena
Frankfurt	12. Münster
Freiburg	13. Düsseldorf
Fürth	14. Freiburg
Halle	15. Landshut
Hamburg	16. Mainz
Heidelberg	17. Chemnitz
Ingolstadt	18. Halle
Jena	19. Mannheim
Karlsruhe	20. Offenbach
Kiel	21. Köln
Koblenz	22. Magdeburg

Alphabetisch	nach Wachstum bei den 15- bis 34-Jährigen
Köln	23. Augsburg
Landshut	24. Schwerin
Leipzig	25. Kiel
Magdeburg	26. Nürnberg
Mainz	27. Berlin
Mannheim	28. Passau
München	29. Rostock
Münster	30. Koblenz
Nürnberg	31. Braunschweig
Offenbach	32. Bamberg
Passau	33. Erlangen
Potsdam	34. Erfurt
Regensburg	35. Hamburg
Rostock	36. Potsdam
Schwerin	39. Fürth
Stuttgart	40. Bonn
Trier	41. Ingolstadt

Frühjahrsgutachten Immobilienwirtschaft 2018
des Rates der Immobilienweisen

200

Glossar

Assetmanager – *Vermögensverwalter*
Behaglich – *dunkel*
Charmant – *klein*
City-Lage – *wahrscheinlich am Stadtrand*
Co-Working – *Vermietung auf Zeit von voll ausgestatteten Büros*
Direktkredit – *ein Kredit von Mensch zu Mensch*
Eile ist geboten – *Vorsicht ist geboten*
Ertragswert – *die Einnahmen, die eine Immobilie generiert*
Flipping – *kaufen und kurz darauf wieder verkaufen*
Gentrifizierung – *Aufwertung einer Gegend und Verdrängung der Bewohner*
Gestaltungsmöglichkeiten – *Sanierungsfall*
Ghost House – *nennen die Briten Häuser, deren Bewohner nie da sind*
Hier ist viel vorstellbar – *man muss schon viel Fantasie mitbringen, um etwas daraus zu machen.*
Junge Gegend – *noch keine Infrastruktur außer zwei Bäckern und einer Eckkneipe*
Kleinod – *hauptsächlich klein*
Lichtdurchflutet – *hell, hat aber vielleicht sonst nichts zu bieten*
Liebevoll renoviert – *der Vorbesitzer war Heimwerker, und so sieht es auch aus*
Micro-Living – *kleine Wohnung, große Gemeinschaftsräume wie z. B. Lobby, Dachterrasse, Küchen, Lounges*
Ohne Eigenkapital – *macht es eigentlich keine Bank, Finger weg von dubiosen Konstrukten*
Pflege-Immobilie – *Seniorenheim*
Mit Potenzial – *renovierungsbedürftig, heruntergekommen*

Preisgünstig – *hat einen Haken*

Pflegeleichter Garten – *20 Quadratmeter Rasen und eine Petunienhecke*

Rarität – *wahnsinnig teuer*

Repräsentativ – *viel dunkles Holz*

Schnäppchen – *gibt es bei Immobilien nicht*

Schwimmbad – *die Nebenkosten sind höher als die Miete*

Townhouse – *Reihenhaus in der Stadt*

Verkehrsgünstig gelegen – *an den Gleisen oder an der Ausfallstraße*

Wohnturm – *Hochhaus*

Zirka – *der Makler weiß nicht Bescheid, übernimmt keine Haftung und irrt sich zu Ihren Ungunsten*

DANK

Mein großer Dank gilt Heike Faller, ohne die dieses Buch nie entstanden wäre. Barbara Wenner, die immer an das Projekt geglaubt hat. Christian Bock und Rolf Paudtke für unsere diversen Brainstormings, Leah Hecker und Gerlinde Seidenspinner für ihren dramaturgischen Input und allen Freunden und Kollegen, die sich über ein Jahr lang geduldig meine Immobiliengeschichten angehört haben.

Herzlichen Dank auch an die vielen namentlich nicht genannten Interviewpartner, die mir mit ihrem Wissen und ihren Informationen überhaupt erst einen Überblick über diesen faszinierenden Markt verschafft haben.

Und last but not least: Danke an Volker und Jackson für ihre Liebe und Unterstützung.

uttaseidenspinner@wohnwahnsinn.com

»Ein super süchtig machendes Buch!«

Malcolm Gladwell

Cover- und Preisänderungen vorbehalten

Adam Alter

Unwiderstehlich

Der Aufstieg suchterzeugender
Technologien und das Geschäft mit
unserer Abhängigkeit

Aus dem Englischen von
Stephan Pauli
Berlin Verlag, 368 Seiten
€ 22,00 [D], € 22,70 [A]*
ISBN 978-3-8270-1294-4

Viele technische Entwicklungen fördern heutzutage Sucht. Videospiele, soziale Medien, Online-Shops, Dating-Apps und TV-Serien machen die Sucht zum Geschäftsmodell. Der Sozialpsychologe Adam Alter warnt eindringlich vor den sich explosionsartig verbreitenden Verhaltensabhängigkeiten im digitalen Zeitalter – und zeigt auf, wie wir ihnen widerstehen können.

»Adam Alter hat den Heiligen Gral erlangt: ein wichtiges Buch voller Einsicht, das zu lesen ein Vergnügen ist und auf neuester Forschung beruht.« Charles Duhigg

Leseproben, E-Books und mehr unter www.berlinverlag.de

Wenn Volkswagen wankt, wankt die Republik.

Mark C. Schneider
Volkswagen
Eine deutsche Geschichte

Berlin Verlag, 368 Seiten
€ 22,00 [D], € 22,70 [A]*
ISBN 978-3-8270-1322-4

Der Name Volkswagen steht für eine der größten deutschen Erfolgsgeschichten und einige der dramatischsten Skandale der Wirtschaftsgeschichte. Das Wohl und Wehe des Konzerns spiegelte sich stets in der Politik, mit der er aufs Engste verflochten ist. Mark C. Schneider erzählt vom wechselvollen Schicksal eines sehr deutschen Konzerns, dessen innerfamiliäre Machtkämpfe allein schon das Zeug zur großen Tragödie haben. Eine spannende Reise durch achtzig Jahre deutscher Wirtschaftsgeschichte.